오싹달콤 요괴 레스토랑

별별 요괴, 별별 요리 신비한 세계 문화 탐험
오싹달콤 요괴 레스토랑

초판 1쇄 발행 2021년 8월 20일 **초판 3쇄 발행** 2022년 11월 20일
글쓴이 유혜경 **그린이** 신성희
펴낸이 이영선
책임편집 김문정
편집 이일규 김선정 김문정 김종훈 이민재 김영아 이현정 차소영 **디자인** 김회량 위수연
독자본부 김일신 정혜영 김연수 김민수 박정래 손미경 김동욱
펴낸곳 파란자전거 **출판등록** 1999년 9월 17일(제406-2005-000048호)
주소 경기도 파주시 광인사길 217(파주출판도시) **전화** (031)955-7470 **팩스** (031)955-7469
홈페이지 www.paja.co.kr **이메일** booksea21@hanmail.net

ⓒ 유혜경·신성희, 2021
ISBN 979-11-88609-81-9 73300

파란자전거는 도서출판 서해문집의 어린이 책 브랜드입니다. 페달을 밟아야 똑바로 나아가는 자전거처럼 파란자전거는 어린이와 청소년이 혼자 힘으로도 바르게 설 수 있도록 도와줍니다.

어린이제품안전특별법에 의한 제품 표시
제조자명 파란자전거 **제조년월** 2022년 11월 **제조국** 대한민국 **사용연령** 만 9세 이상 어린이 제품

글쓴이의 말

두려움 없이 낯섦과 마주해요!

여러분은 처음 해외여행을 가서 외국인을 만났을 때 어땠나요? 아직 가 보지 않았다면 상상해 보세요. 다른 나라에 가면 어떤 마음이 들지 말이에요.

제가 처음 해외여행 갔을 때를 이야기해 볼게요. 전 겁이 많아요. 그래서 처음에는 설레고 신기한 마음보다 낯설고 두려운 마음이 더 컸어요. 낯선 장소에서 나오는 생김새도 언어도 다른 사람들과 만나야 했고, 아는 것보다 모르는 게 더 많았으니까요.

하지만 막상 여행하고 사람들과 어울려 보니 처음 들었던 생각은 어느새 눈 녹듯 사라졌어요. 점점 알아 갈수록 더 호기심이 생겼고 친밀감도 생겼죠. 그리고 신기하게도 여행 후엔 외국이나 외국인에 대한 막연한 거리감이 사라지고 여행을 즐길 줄 알게 되었어요.

그런데 저는 이 책의 주인공을 만났을 때도 같은 경험을 했어요. 책 속엔 생각만 해도 등골이 오싹해지는 요괴도 나오고, 꿈에서라도 꼭 한번 만나고 싶은 신기한 요정도 나와요. 어쩌면 여러분은 그들의 다른 모습과 신기한 능력이 매우 낯설고 멀게만 느껴질 수도 있어요. 어쩌면 무서울 수도 있고요. 하지만 요괴나 요정 이야기는 머나먼 우주에서 나온 이야기가 아니에요. 이들은 각각의 독특한 문화를 가진 세계 여러 나라에서 태어났어요. 또 놀랍게도 우리 주변에서 흔히 볼 수 있는 음식이 요괴나 요정의 마음을 움직일 수 있는 중요한 열쇠가 되기도 해요.

저는 여러분이 다양한 지식과 정보를 맛있는 요리라고 생각하면 좋겠어요. 가족이나 친구와 함께 이 책을 실컷 씹고 뜯고 맛보세요. 다 먹고 나면 어떤 낯선 것들도 두려움 없이 쉽게 즐길 수 있는 용기와 지혜가 생기는 신기한 경험을 하게 될 거예요.

혼자 실컷 떠들었더니 어쩐지 출출하네요. 그럼 오싹하고 맛있는 요괴 레스토랑으로 출발해 볼까요?

2021년 7월 유혜경

차례

글쓴이의 말
두려움 없이 낯섦과 마주해요! · 4

요괴 레스토랑에 오신 걸 환영합니다! · 10

1 드라큘라를 물리치는 무시무시한 음식

요괴 사전 드라큘라 백작이 궁금해! · 14
미스터리 토론 드라큘라는 왜 마늘을 싫어할까? · 18
드라큘라를 물리치는 마늘의 비밀 · 20
요괴 나라 드라큘라의 나라, 루마니아가 궁금해! · 21
나는야 요리사 마늘 베이컨 스파게티 · 26

2 강시를 도망가게 만든 쫀득한 음식

요괴 사전 콩콩 강시가 궁금해! · 30
미스터리 토론 강시는 왜 청나라 옷만 입을까? · 34
강시를 쫓는 찹쌀의 비밀 · 36
요괴 나라 강시의 나라, 중국이 궁금해! · 37
나는야 요리사 찹쌀 소고기 구이 · 42

3 갓파를 부르는 상큼한 음식

요괴 사전 사람이야 동물이야, 갓파가 궁금해! · 46
미스터리 토론 갓파, 넌 어느 별에서 왔니? · 51
갓파를 부르는 **오이**의 비밀 · 53
요괴 나라 갓파의 나라, 일본이 궁금해! · 54
나는야 요리사 오이롤초밥 · 60

4 좀비를 무덤으로 돌아가게 한 소중한 음식

요괴 사전 무덤에서 나온 좀비가 궁금해! · 64
미스터리 토론 좀비, 과연 실제로 있었을까? · 69
좀비를 무덤으로 돌려보낸 **소금**의 비밀 · 71
요괴 나라 좀비의 나라, 아이티가 궁금해! · 72
나는야 요리사 허브 솔트 · 78

5 지옥의 신 시발바도 항복한 놀라운 음식

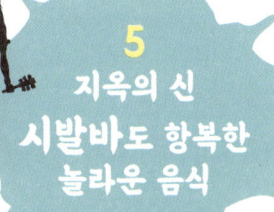

요괴 사전 무시무시한 시발바가 궁금해! · 82
미스터리 토론 고대 석굴 사원, 시발바가 사는 지옥의 입구일까? · 87
시발바를 무너뜨린 **옥수수**의 비밀 · 89
요괴 나라 시발바의 나라, 마야가 궁금해! · 90
나는야 요리사 치킨 타코 · 96

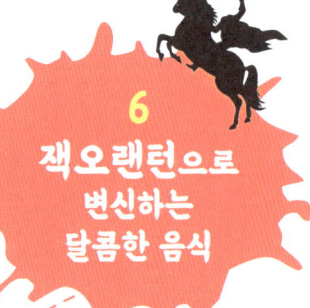

6 잭오랜턴으로 변신하는 달콤한 음식

요괴 사전 호박 유령, 잭오랜턴이 궁금해! · 100
미스터리 토론 수많은 잭 이야기, 어떤 것이 진짜일까? · 106
잭오랜턴의 상징 호박의 비밀 · 107
요괴 나라 잭오랜턴의 나라, 미국이 궁금해! · 108
나는야 요리사 단호박 아몬드 구이 · 114

요괴 사전 금 나와라 뚝딱, 도깨비가 궁금해! · 118
미스터리 토론 뿔 난 도깨비, 한국 도깨비가 맞을까? · 122
도깨비 마음을 움직인 메밀의 비밀 · 124
요괴 나라 도깨비의 나라, 대한민국이 궁금해! · 125
나는야 요리사 돼지고기 메밀전병 · 130

7 도깨비의 마음을 움직인 맛있는 음식

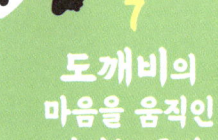

8 산타클로스도 해마다 찾는 건강한 음식

요괴 사전 크리스마스의 상징, 산타클로스가 궁금해! · 134
미스터리 퀴즈 산타클로스는 나라마다 똑같은 모습일까? · 140
산타클로스의 피로를 풀어 준 우유의 비밀 · 142
요괴 나라 산타클로스의 나라, 핀란드가 궁금해! · 143
나는야 요리사 우유 아이스크림 · 148

9 요정 브라우니를 사로잡은 고마운 음식

요괴 사전 쓱싹쓱싹 브라우니가 궁금해! · 152
미스터리 퀴즈 브라우니와 보가트, 조상이 같은 요정이라고? · 157
브라우니를 사로잡은 빵의 비밀 · 159
요괴 나라 브라우니의 나라, 영국이 궁금해! · 160
나는야 요리사 브라우니 · 164

10 요정 폴레비크를 달래는 똑똑한 음식

요괴 사전 게으른 농부를 싫어하는 폴레비크가 궁금해! · 168
미스터리 퀴즈 들판의 요정, 폴레비크만 있을까? · 173
폴레비크를 달래 준 달걀의 비밀 · 174
요괴 나라 폴레비크의 나라, 러시아가 궁금해! · 175
나는야 요리사 토마토 달걀볶음 · 180

어서 오세요~
요괴 레스토랑에 오신 걸 환영합니다!

저는 요괴 레스토랑의 총지배인입니다.

혹시 오는 길이 힘들지 않았나요? 사실 저희 레스토랑은 사람들 눈에 잘 띄지 않습니다. 들어오고 싶어도 입구를 찾지 못해 그냥 돌아가는 일이 많았죠.

하지만 일단 들어오면, 그냥 나가지는 못합니다. 캬캬캬!

자, 저기 가운데 동그란 테이블에 앉아 주세요.

잠시 레스토랑에 대해 설명하겠습니다.

요괴 레스토랑은 역사가 아주 깊습니다. 처음 레스토랑 문을 열 때만 해도 사람들은 말을 타고 다녔고, 나라에 큰일이라도 생기면 산에서 횃불을 피워 알렸으니까요. 메뉴판이나 가구, 식기가 좀 오래되고 낡아 보이는 이유도 그 때문이에요. 하지만 항상 즐거운 마음으로 매일 깨끗하게 쓸고 닦고 있으니 청결에 대해서는 걱정

마세요. 음식의 맛과 서비스도 최고랍니다!
이렇게 말하는 데는 다 이유가 있어요.

하나, 세계 최고의 주방장이 있습니다.

무엇이든 요리할 수 있으니 세계 각국의 다양한 음식을
맛볼 수 있지요.

둘, 세계 최고의 이야기꾼이 있습니다.

이 세상과 저세상을 넘나들며 요괴, 유령, 요정에 대한
이야기란 이야기는 모두 듣지요. 특별한 오늘을 위해
흥미진진한 이야기를 들려드리려고 합니다.
자, 이제 주문하시겠어요? 무엇을 준비해 드릴까요?

네네에에에! 아주 탁월한 선택입니다.
그럼, 곧 준비해 드리겠습니다.

1
드라큘라를 물리치는 무시무시한 음식

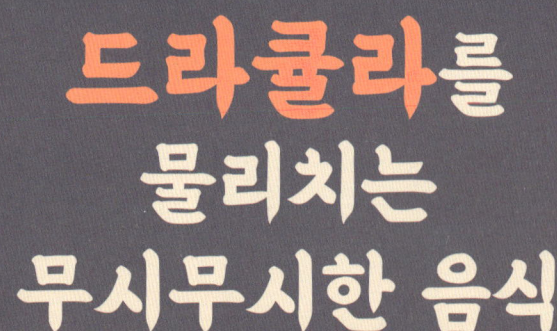

*뮤즈데 소스와 미리테이

오래 기다리셨죠? 주문하신 음식 **뮤즈데 소스**와 **미티테이** 나왔습니다. 드시기 전에 음식에 대해 소개해 드릴게요.

맛보실 음식은 오래전부터 루마니아에서 사랑받는 요리입니다. 뮤즈데 소스는 생크림처럼 생긴 하얀색 소스예요. 매운맛이 나는 이 소스에 생선이나 고기를 찍어 먹으면 맛이 그만이죠.

미티테이는 소고기와 돼지고기를 잘게 다져 돌돌 말아 만든 롤 요리예요. 루마니아 길거리에서 흔히 볼 수 있는 음식이지요.

그런데 뮤즈데 소스와 미티테이를 만들 때 꼭 들어가는 특별한 재료가 있어요. 맞아요, 마늘이에요. 아마 마늘이라는 말만 들어도 얼굴이 절로 일그러지는 어린이가 분명 있을 거예요. 마늘은 냄새도 나고 매워서 먹기 쉬운 음식은 아니니까요.

그래서일까요? 제가 아는 누군가는 나이가 아주 많은데도 지금까지 마늘을 끔찍이 싫어합니다. 그러잖아도 얼굴이 창백한데 마늘만 보면 더욱 새하얗게 질려 버리지요.

그자의 이름은 바로, 드라큘라 백작입니다.

드라큘라 백작이 궁금해!

- **이름** : 블라드 3세
- **국적** : 루마니아
- **태어난 곳** : 1431년 트란실바니아의 시기쇼아라
- **키우는 동물** : 박쥐
- **잠자는 곳** : 빛을 피할 수 있는 깜깜한 관 속
- **싫어하는 것** : 햇빛, 성수, 마늘
- **처음 등장한 곳** : 영국의 괴기 소설가 브램 스토커가 드라큘라 백작을 주인공으로 한 소설 《드라큘라》를 1897년 처음 출간했다.

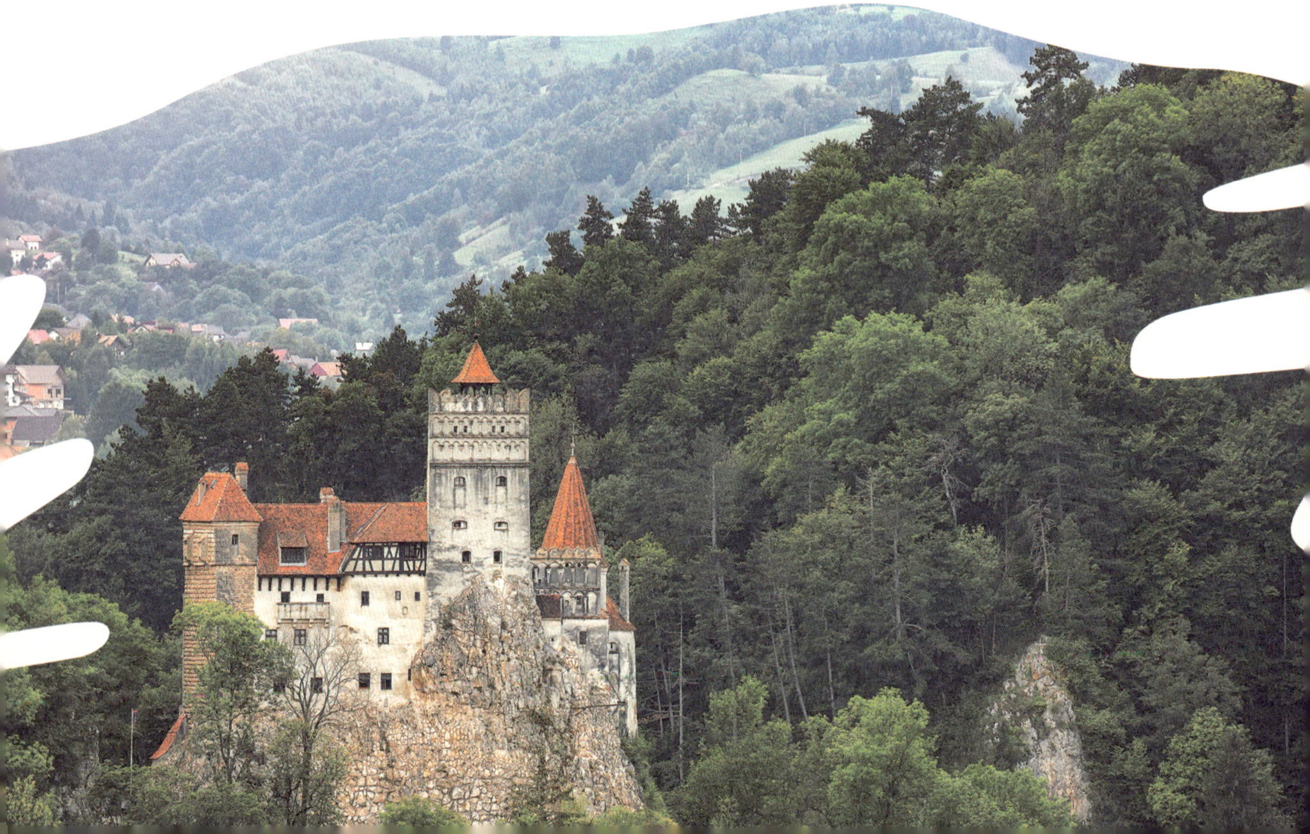

드라쿨라가 진짜 사람이었다고?

드라큘라가 아주 오래전엔 우리와 똑같은 사람이었다면 믿을 수 있나요? 옛날 루마니아의 한 성에 블라드 3세라는 남자가 살았어요. 사람들은 그를 블라드 체페슈라고 부르기도 하고, 드러쿨레아라고 부르기도 했어요. 체페슈는 루마니아어로 꼬챙이라는 뜻이에요. 드러쿨레아는 '용의 아들'이라는 뜻이지요. 드러쿨은 루마니아어로 용이라는 뜻인데, 블라드 3세의 아버지 블라드 2세가 드러쿨이라고 불렸기 때문에 드러쿨레아라고 자주 불렸어요. 그리고 소설 속 주인공으로 등장하면서 많은 사람에게 드라큘라로 알려졌지요.

* 블라드 3세

15세기 중반, 루마니아에는 왈라키아 공국이 자리 잡고 있었어요. 드러쿨레아는 바로 이곳의 영주였어요. 왈라키아 공국은 전쟁이 끊이지 않는 곳이었답니다. 왜냐하면 주변에 왈라키아 공국이 가진 지리적 장점들을 노리고 영토를 빼앗으려는 국가들이 많았으니까요. 당시 가장 강한 나라였던 오스만 제국도 그중 하나였어요. 오스만 제국은 14세기부터 왈라키아를 호시탐탐 노리고 여러 번 침략했어요. 왈라키아 사람들은 나라와 자신들의 종교를 지키기 위해서 오스만 제국과 오랜 전쟁을 치러야 했어요. 수많은 사람이 다치고 목숨을 잃었어요. 드러쿨레아와 그의 가족도 예외는 아니었어요. 아

버지(블라드 2세)는 목숨을 잃었고, 그의 동생은 아주 어린 나이에 오스만 제국의 인질로 잡혀 나라를 떠나야 했어요. 그리고 어른이 되어서는 돌아가신 아버지를 대신해 여러 차례 전투에 나가야 했지요.

드러쿨레아는 전쟁에 나갈 때마다 크게 활약했어요. 그는 작은 군대로 막강한 오스만 군대를 상대해야 했지요. 하지만 결코 기죽거나 두려워하지 않았어요. 전쟁에 지친 군사를 잘 다독이고 무슨 일이 발생하면 공정하게 처리했어요. 군사들은 용감하고 따뜻하며 공정한 그를 믿고 끝까지 적과 싸웠어요. 결국 그의 작은 군대는 오스만과의 전쟁에서 여러 번 승리했지요. 그렇게 드러쿨레아는 군사와 백성의 믿음을 단번에 얻었답니다.

따뜻하고 공정하다는 드러쿨레아도 전쟁 포로나 적에게는 매우 잔인했어요. 포로가 된 적들을 긴 꼬챙이로 꿰뚫어 가차 없이 죽였어요. 아니면 재산을 뺏고 강제로 힘든 일을 시키기도 했어요. 적들은 그의 이름만 들어도 벌벌 떨었지요.

이러한 이야기가 점점 퍼져 드러쿨레아가 흡혈귀라는 소문이 돌기 시작했어요. 소문에 소문이 더해져서 더 무시무시한 이야기가 만들어졌어요. 그가 밤마다 여자의 피를 찾으러 돌아다닌다거나 피를 마시기 위해 일부러 잔치를 연다는 등 끔찍한 소문은 끝도 없었어요. 그런데 사람들은 그 소문을 직접 확인할 방법이 없었어요. 그는 아주 힘이 세서 아무도 대항할 자가 없었거든요. 그런데 그런 드러쿨레아가 뜻밖에도 질색하는 음식이 있었어요. 바로 마늘이에요!

미스터리 토론
드라큘라는 왜 마늘을 싫어할까?

광견병 바이러스에 감염되었기 때문이야!

제가 봤을 때는 드라큘라나 다른 뱀파이어는 광견병 바이러스에 노출된 환자입니다. 이 환자의 한결같은 특징은 지나칠 정도로 매우 예민하다는 점이지요. 그래서 강한 빛은 물론이고, 역한 냄새도 싫어하게 됩니다. 마늘이 매우 자극적인 냄새를 풍긴다는 것은 누구나 다 알지 않나요? _알론소 박사

드라큘라는 유령이나 악마가 아니라 단지 포르피린증이란 병에 걸린 환자일 뿐입니다. 백인이 주로 걸리는 유전병이죠. 이 병에 걸리면 혈액 속 헤모글로빈이란 성분이 제대로 작동하지 않아 빈혈이 잘 생겨요. 또 햇빛이 피부에 닿으면 물집이 생기기도 합니다. 만약 이 병에 걸린 사람이 마늘을 먹게 되면 피부에 발진을 일으켜 심하면 사망할 수도 있어요. 잇몸이 녹아 송곳니가 좀 두드러지고, 햇빛을 못 받아 창백해 보이죠. 여

러분이 알고 있는 드라큘라나 흡혈귀들 모두 치료받아야 할 환자일 뿐입니다.

_데이비드 돌핀 박사

> 유전병인 포르피린증에 걸려서 그렇지!

드라큘라나 흡혈귀나 모두 사람이 아니지 않습니까? 또 밤이면 나타나 사람을 해치기도 하고요. 사람이 아닌 나쁜 것을 쫓는 데는 마늘이 최고입니다. 마늘로 귀신을 쫓는 풍습은 아주 오래전부터 전해 내려왔지요. 우리 할아버지의 할아버지도 쓰던 방법입니다. 마늘을 집에 걸어 두거나 마늘즙을 창틀에 바르거나 해서 나쁜 기운이나 악마를 물리쳤어요. 만약 주변에 마늘을 먹지 않거나 마늘을 유난히 싫어하고 거부하는 사람이 있다면, 흡혈귀일 수도 있어요. 우린 그렇게 믿고 있습니다! _당시 중세 루마니아 사람들

> 모든 나쁜 것들 쫓는 데는 마늘이 최고!

드라큘라를 물리치는 무시무시한 음식 · 19

드라큘라를 물리치는 마늘의 비밀

천연 항생제, 몸에 들어온 나쁜 병균을 물리칠 수 있어!

항생제는 감기에 걸렸을 때 의사 선생님이 종종 처방해 주는 약 중 하나예요. 눈에 보이지 않는 아주 작은 미생물이 만들어 낸 물질이지요. 항생제는 몸 안에서 나쁜 세균이나 병균이 자라는 것을 막아 줘요. 우리가 먹는 마늘이 바로 자연에서 얻을 수 있는 천연 항생제랍니다. 마늘에는 항생제처럼 미생물이나 박테리아의 활동을 억제할 수 있는 성분이 들어 있어요. 그래서 요즘에는 병충해를 막기 위해 화학 성분의 농약이 아닌, 마늘즙을 짜서 농약 대신 사용하는 농가도 있답니다.

혈액 순환을 돕고 노화를 방지해!

늙지 않고 100세까지 오래오래 잘 살고 싶다고요? 그렇다면 지금이라도 마늘을 한번 먹어 봐요. 일본의 오키나와에는 유명한 장수 마을이 있어요. 학자들은 그 이유를 알기 위해 마을 사람들이 먹는 음식과 식습관을 조사했어요. 그 결과 장수의 비결 중 하나가 마늘이라는 사실이 밝혀졌답니다. 다른 장수 마을도 비슷했어요. 마늘 농사를 짓고 마늘을 꼭 챙겨 먹었지요. 어때요, 누구나 꿈꾸는 장수의 비밀이 아주 가까이에 있지요?

드라큘라의 나라, 루마니아가 궁금해!

요괴 나라

루마니아는 유럽에 있는 수많은 나라 중 하나예요. 수도는 부쿠레슈티란 곳이지요. 동유럽에 있고 이웃 나라로는 헝가리, 우크라이나, 몰도바, 세르비아, 불가리아가 있어요. 소수 민족이 많이 살고 있기 때문에 루마니아어 외에도 헝가리어, 독일어도 같이 씁니다.

루마니아는 처음부터 루마니아라고 불리진 않았어요. 106년 로마에게 원주민이 정복당해 '로마의 땅'이란 뜻으로 루마니아라고 불리면서 훗날 나라 이름이 되었지요.

루마니아에는 집시가 살아요!

집시가 누구냐고요? 인도에서 생겨나 한곳에 머물지 않고 떠돌며 유럽과 전 세계에 흩어져 사는 사람들의 무리를 집시라고 해요. 이들은 떠돌이 생활을 해서 대개 직업이 일정하지 않아요. 집시는 유럽의 여러 나라에서 볼 수 있는데, 특히 루마니아에 많이 살아요. 왜일까요?

예전에 독일의 나치와 히틀러가 유대인을 모두 잡아 죽이는 끔찍한 일이 있었어요. 그때 독일군이 떠돌아다니는 집시도 같이 잡아들였다고 해요. 많은 집시가 히틀러를 피해 서쪽에서 동유럽으로 이동을 했지요. 루마니아는 집시들을 받아들였고요. 이때 루마니아에 들어온 집시는 아직도 그들만의 독특한 흥과 문화를 지키며 살고 있답니다.

세계가 인정한 루마니아의 춤! '청년의 춤'

루마니아 사람들은 음악을 유독 좋아하고 흥이 많아서 춤을 추는 것을 좋아해요. 특히 루마니아의 어떤 춤은 유네스코에서 지켜야 할 인류 무형문화유산으로 지정하기도 했어요. 그 춤의 이름은 '청년의 춤'이에요. 주로 마을이나 공동체를 이루고 있는 남자들이 결혼식이나 축제에 둥글게 모여 단체로 춤을 춰요. '청년의 춤'은 무척 화려하고 흥겨운 게 특징이에요. 루마니아 사람들은 이 춤을 지키기 위해 학교나 문화센터를 통해 적극적으로 춤을 알렸어요.

루마니아에서 체조의 여왕이 나왔어요

나디아 코마네치, 그녀는 루마니아의 기계 체조 선수였어요. 14세의 나이로 1976년 캐나다 몬트리올 올림픽에 루마니아 대표로 참가해 세계 최초로 기계 체조 10점 만점을 받았지요. 이단 평행봉에서 오르내리는 모습이 마치 나비 같았어요. 그 완벽한 체조 연기에 반한 심사위원들은 만장일치로 10점을 주었어요. 그 후에도 루마니아는 훌륭한 체조 선수를 많이 배출해 체조 강국이라 불렸답니다.

한국 음식과 비슷한 루마니아 음식이 있어요

 루마니아는 빵과 수프를 주로 먹는 나라예요. 그런데 다른 유럽 국가와는 음식 맛이 조금 달라요. 바로 마늘 때문이에요. 다른 나라보다 요리할 때 마늘을 듬뿍 넣어요. 그래서인지 루마니아 음식에서 한국 음식과 비슷한 맛이 나기도 해요.

 루마니아의 전통 음식인 샤르말레는 양배추에 고기를 싸서 만든 음식이에요. 한국의 김치찜과 맛이 비슷해요. 또 치오르버라는 수프는 소의 내장과 마늘, 식초 등을 넣어 만든 음식인데, 한국의 내장탕을 먹는 느낌이지요. 길거리 간식인 미티테이는 떡갈비 맛과 비슷해요.

아기에게 침을 뱉는다고?

 루마니아의 전통문화 중 집시 문화에서 나온 독특한 풍습이 하나 있어요. 바로 갓난아기에게 침을 뱉는 문화예요. 이 행동은 절대 그 아이가 밉고 싫어서가 아니랍니다. 옛날 루마니아인은 예쁜 아이를 너무 사랑하면 신이 질투해서 아이를 병에 걸리게 하거나 목숨을 앗아 가는 등 아이를 저주한다고 생각했어요. 그 당시엔 열악한 환경으로 갓 태어난 아이들이 병으로 많이 죽었거든요. 그래서 소중한 아이를 지키기 위해 이러한 풍습이 생겨났다고 해요. 또 사람들은 오히려 예쁘고 사랑스러운 아이일수록 "못생겼어!", "미워!"란 말을 자주 하기도 했어요.

루마니아의 아름다운 풍경

체조의 여왕 코마네치

루마니아 전통 춤

독특한 문화를 지키며 사는 집시들

* 샤르말레

길 떠나는 집시 가족

나는야 요리사 ✽마늘 베이컨 스파게티

재료

스파게티 면, 마늘 4~5쪽, 올리브유, 베이컨, 소금 약간, 후춧가루 약간, 파슬리 약간

이렇게 도와요!

- 마늘의 껍질을 까서 씻어 둬요.
  (어른이 미리 마늘에 칼집을 내면 어린이가 까기 좋아요.)
- 스파게티 면 삶을 물에 소금을 넣어요.
- 빵칼이나 어린이용 칼로 베이컨을 내가 먹고 싶은 만큼 잘게 씰어 봐요.
- 완성된 스파게티 위에 파슬리를 직접 뿌려 봐요.
- 주방에 남은 음식이나 비닐봉지를 정리해 봐요.

만들어 봐요!

1. 물에 소금을 넣고 끓으면 스파게티 면을 넣어 9분 정도 삶아요. 면 삶은 물은 버리지 말고 둡니다. 소금은 면을 촉촉하게 해 주고 간도 맞춰 줍니다.

2. 올리브유를 프라이팬에 두르고 팬이 달구어지면 얇게 썬 마늘을 먼저 볶습니다. 마늘 색이 살짝 변하기 시작하면 베이컨을 넣어 같이 볶습니다.

3. 마늘과 베이컨이 어느 정도 익으면 삶아 놓은 스파게티 면을 넣고 후춧가루를 약간 뿌린 뒤 볶습니다. 이때 면 삶은 물을 두세 국자 정도 넣습니다.

4. 올리브유를 살짝 더 뿌리고 마지막으로 파슬리를 솔솔 뿌리면 완성!

2
강시를 도망가게 만든 쫀득한 음식

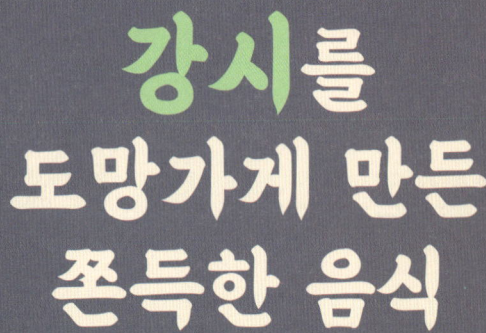

*탕위완과 중쯔

주문하신 요리 나왔습니다. 이번 요리는 명절과 관계가 깊은 중국 요리랍니다. 혹시 한국 명절인 정월대보름과 단오를 중국에서도 지낸다는 사실을 아시나요? 중국은 정월대보름을 '원소절'이라고 불러요. 이날엔 온 가족이 모여 달을 보며 소원을 빌고 집에서 맛있는 음식을 먹어요. 그 음식 중 하나가 지금 맛보게 될 탕위완입니다. **탕위완**은 곱게 색을 입힌 경단이에요. 한국의 찹쌀떡과 비슷한 모양이지요. 맛도 비슷한지 궁금하죠?

탕위완과 같이 맛볼 요리 **쭝쯔**는 중국의 단옷날에 먹는 음식이에요. 중국의 단오는 초나라의 시인 굴원이 강물에 빠져 죽은 날을 애도하기 위해 만든 날이에요. 옛날 초나라에 굴원이란 시인이 살았어요. 그는 성품이 곧고 애국심이 무척 강한 시인이었어요. 그러다 모함을 당해 멀리 유배를 떠나야 했지요. 그 후 초나라가 진나라에 멸망하자 굴원은 너무 슬픈 나머지 강물에 몸을 던졌어요. 훗날 사람들은 그가 떠난 날에 쭝쯔를 올리며 제사를 지냈다고 해요. 쭝쯔는 찹쌀과 여러 음식을 대나무 잎에 싸서 만든 밥이에요.

탕위완과 쭝쯔를 만들 때는 꼭 찹쌀이 들어가야 해요. 중국도 한국처럼 찹쌀을 많이 먹어요. 그리고 중국 사람들은 옛날부터 찹쌀을 아주 무시무시한 요괴를 쫓는 데 썼어요.

그 요괴는 바로! 강시예요.

콩콩 강시가 궁금해!

- **이름** : 강시(僵尸)
- **국적** : 중국
- **이름 뜻** : 넘어진 시체, 바로 선 사체
- **특징** : 겉모습은 사람과 똑같다. 손톱이 파랗고 이마에 부적이 붙어 있다. 몸이 굳어 있어 움직일 때 두 팔을 나란히 한 자세로 콩콩 뛰어다닌다. 사람을 만나면 물어뜯어 피를 마신다.
- **옷차림** : 특이한 모자에 청나라 관리가 많이 입는 관복
- **활동 시간** : 낮에는 굴이나 관에서 쉬고 깜깜한 밤에 활동한다.
- **좋아하는 곳** : 관 속, 어두운 굴
- **싫어하는 것** : 햇빛, 찹쌀, 음양을 상징하는 기호를 겹쳐 만든 팔괘
- **초능력** : 비강(나는 강시)이 되면 날 수 있다.
- **강시 전문가** : 영환도사

시체가 다시 살아났다!

옛날부터 중국에는 한족, 위구르족, 티베트족 등 다양한 민족이 모여 살았어요. 그중 '샹시'라고 불리는 후난성 서부 지역에는 소수 민족인 묘족이 많이 살았어요. 물론 지금까지도 샹시 지방에서 전통을 지키며 살아가지요. 그 전통문화 중 하나가 '간시'예요.

간시는 샹시 지방에 사는 묘족이 가질 수 있는 아주 중요한 직업을 부르는 말이에요. 그런데 간시가 되려면 몇 가지 조건이 있었어요. 어떤 일에도 놀라지 않는 대담함이 있어야 했어요. 호랑이 굴에 들어가도 살아서 나올 정도로 담이 커야 했죠. 키도 크고 덩치도 우람해야 간시가 되는 데 유리했어요. 그리고 예의와 법도도 잘 지키고 따를 수 있어야 했어요. 부적을 그리는 기술, 지나갈 때 개가 짖지 못하게 하는 기술, 방향을 구분하는 기술 등을 따로 배우고 익혀야 했답니다.

이렇게 까다로운 조건을 갖춰야 하는 간시는 도대체 무슨 일을 하는 사람이냐고요? 놀라지 마세요. 간시는 바로 시체를 운반하는 사람이에요.

옛날 중국에서는 사람이 죽으면 시체를 꼭 고향에 묻어 주었어요. 그래야 죽은 사람이 좋은 곳으로 갈 수 있다고 생각했지요. 그런데 차도 없고 도로도 변변치 않은 옛날엔 시신을 옮기는 일이 쉽지 않았어요. 산을 몇 개나 넘어야 하고, 강도 건너야 했으니까요. 산이야 어떻게든 넘는다고 해도 강은 달랐어요. 또 시신에 물이 묻으면 불길하다고 믿었기 때문에 시신을 배로 옮기지 않고 일부러 먼 길을 돌아서 가야 했어요. 그래서 이렇게 힘든 일들

 을 따로 맡아 할 간시라는 특별한 직업이 생겨났지요.

 그런데 간시는 과연 시체를 어떻게 운반했을까요? 그들은 먼저 시체를 보고 사람들이 놀라지 않도록 옷을 정갈하게 갈아입혔어요. 그리고 죽은 사람의 이름과 사망 날짜 등의 정보를 누런 종이에 적은 뒤, 이 종이에 신기한 부적을 붙이고 시체들이 스스로 움직이게 만들었지요. 시체의 이마에 부적이 붙으면 부적의 힘으로 시체는 간시의 말을 잘 들었어요.

 그런데 이동하다가 사짓 이마의 부적이 떨어지기라도 하면 그때부터 시체는 무시무시한 강시로 돌변했어요. 시체라 몸이 뻣뻣하니 항상 두 손을 앞으로 뻗은 상태였고, 다리는 모은 채 콩콩 뛰어다녔어요. 그러다 사람을

만나면 아이건 어른이건 마구 물어뜯고 피를 빨았어요.

 이때 갑자기 강시를 만난 사람들이 부적 대신 강시를 피하거나 물리치기 위해 사용한 방법이 있었어요. 그중 하나는 숨을 쉬지 않는 거예요. 숨을 멈추면 강시는 사람이 아닌 줄 알고 그냥 지나갔어요. 그런데 언제까지 숨을 참고 있을 수는 없잖아요? 다른 방법이 필요했어요. 그래서 생각한 것이 바로 찹쌀이에요. 강시는 찹쌀을 싫어하고 무서워했어요. 사람들이 찹쌀을 뿌리면 도망갔지요. 또 강시에게 물린 부위에 찹쌀을 바르면 더는 독이 퍼지지 않았어요. 강시에게 물린 사람이 찹쌀 위에서 계속 뛰면 피가 굳는 것을 막을 수 있었다고 해요.

강시는 왜 청나라 옷만 입을까?

* 청나라 관리의 복장

한국의 처녀 귀신이 소복만 입는 것처럼 강시도 매일 똑같은 옷만 입고 나타나요. 강시가 입는 옷은 도대체 어떤 옷일까요? 바로 청나라 때 사람들이 주로 입던 옷이래요. 그런데 왜 하필 청나라 옷일까요?

강시 괴담은 홍콩에서 영화로 많이 만들어졌어. 그런데 그 당시 홍콩 사람들은 중국 특히 청나라 관리를 무척 싫어했다니까. 왜냐고? 청의 관리들이 홍콩을 영국에 넘겼거든. 그래서 홍콩 사람들이 강시 영화를 만들 때 강시에게 청나라 옷을 입혀서 청나라를 비판하려고 한 거지. _영화영상 연구가

> 청나라에 대한 반감을 옷으로 표현한 거야!

> 강시가 입는 옷은
> 죽은 사람에게 입히는
> 수의일 뿐이야!

생각해 봐, 우리가 결혼식을 할 때도 하얀 드레스를 입거나 턱시도를 입잖아. 죽은 사람도 마찬가지지. 장례식을 치르면서 죽은 사람에게 입히는 수의를 청나라 관복으로 통일했을 뿐이라고. 옛날 중국 사람도 관리를 꿈꾸는 사람들이 많았대. 살아서 출세해 보지 못한 사람이 죽어서라고 그 한을 풀 수 있게 돕자는 뜻이겠지. 그래서 죽어서 고향으로 옮겨질 때 청나라 관복을 입혔다는 말씀! _강시 풍습을 믿는 샹시 지방 사람들

강시를 도망가게 만든 쫀득한 음식 · 35

강시를 쫓는 찹쌀의 비밀

배가 아프고 소화가 안 될 땐 밥 대신 찹쌀죽을!

찬 음식을 많이 먹으면 배가 차가워져서 배에서 꾸르륵꾸르륵 소리가 나고 더부룩해요. 탈이 나서 설사가 나기도 하고요. 이때 멥쌀(보통 밥할 때 사용하는 쌀) 대신 찹쌀로 음식을 해서 먹어 봐요. 찹쌀이 소화가 잘되고 설사도 멎게 도와준답니다. 우리가 감기에 걸렸거나 병원에 입원했을 때 밥 대신에 주로 먹는 죽도 대개 이 찹쌀로 만들어요.

음식 재료로도 으뜸이고, 약을 만들 때도 필요해!

찹쌀은 찰밥, 약밥, 식혜, 술, 고추장 등을 만들 때도 써요. 그 밖에 몸을 따뜻하게 하는 한약을 만들 때 쓰기도 해요. 이렇게 우리 몸에 좋은 음식이지만 열이 많은 사람이 오래 먹으면 오히려 소화가 잘 안 되는 경우도 있어서 조심해야 해요.

요괴 나라

강시의 나라, 중국이 궁금해!

중국 청나라는 1616년~1912년까지 만주족이 지배하던 나라예요. 중국 역사상 한족 이외의 민족이 세운 두 번째 나라이기도 하고, 중국의 마지막 왕조이기도 하지요. 강시가 생겨난 청나라와 14억 사람들이 모여 사는 중국은 어떤 나라일까요?

청나라의 남자는 모두 변발을 했어요!

변발은 청나라 남자들이 하던 특이한 머리 모양을 말해요. 당시 남자들은 뒷머리만 남기고 앞머리와 옆머리를 모두 밀었어요. 그리고 남은 뒷머리는 아주 길게 길러서 머리를 땋고 다녔어요. 그런데 만주족은 이 독특한 머리 모양을 한족이나 다른 민족에게도 강요했어요. 이 때문에 당시 한족과 더불어 중국의 많은 소수 민족이 만주족에 반감을 품기도 했어요. 또 반대로 청나라 이후 새 시대가 왔을 때 만주족이 가장 마지막까지 지켜 냈던 풍습도 바로 이 변발 문화였어요. 그들은 변발을 지키기 위해 다른 머리 모양의 가발을 쓰고 다니기도 했답니다.

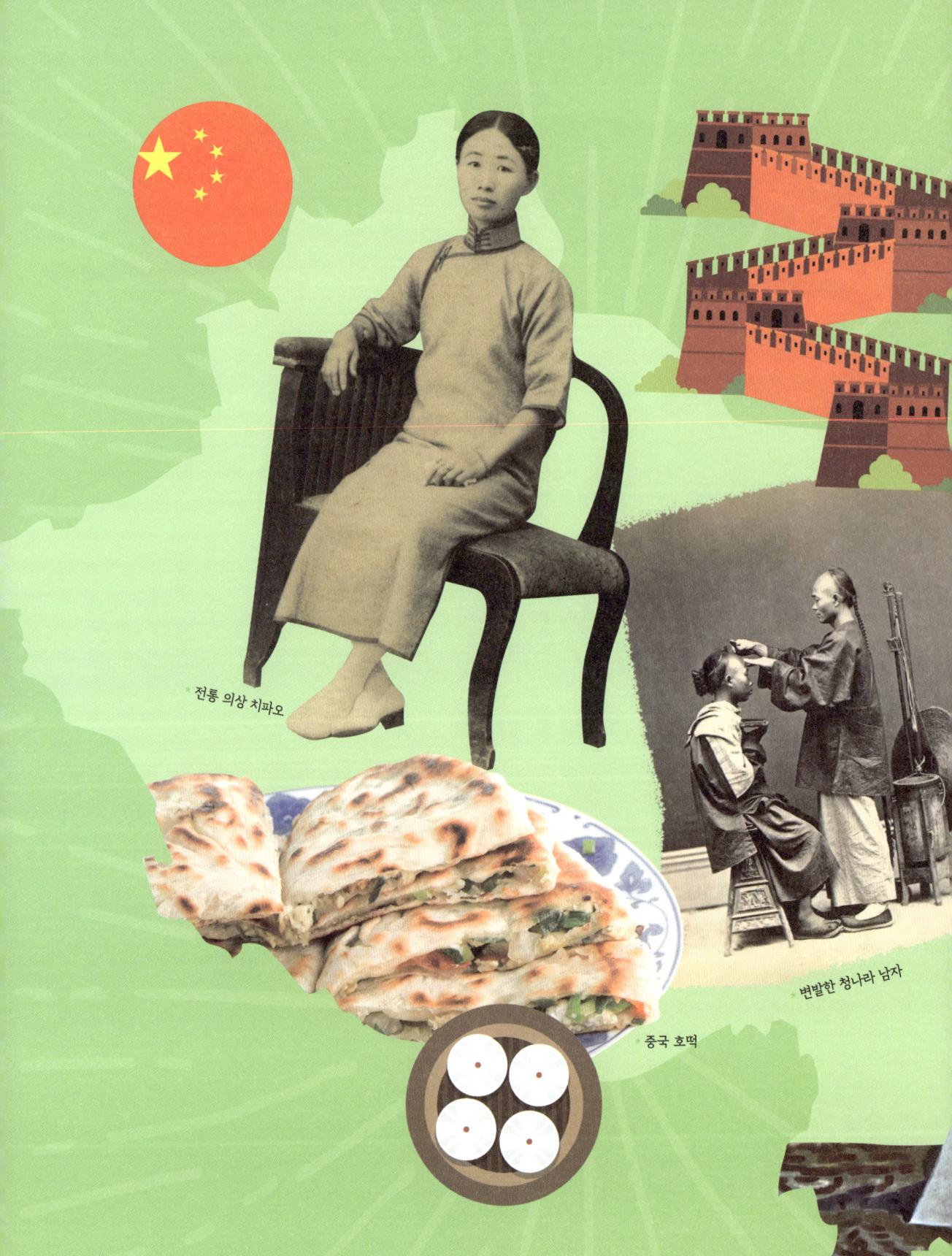

*전통 의상 치파오
중국 호떡
변발한 청나라 남자

*탕수육

*전족을 한 여인과 전족 신발

*치파오를 입은 남성

중국의 전통 의상 치파오

치파오는 청나라 때부터 남녀 할 것 없이 모든 사람의 사랑을 받던 중국 전통 의상이에요. 치파오는 청나라를 세운 만주족이 옛날부터 입던 옷이었어요. 독특한 짧은 깃에 옆이 길게 트인 치마가 이 옷의 특징이에요. 길게 트인 치마는 넓은 초원에서 주로 말을 많이 탔던 만주족에게 안성맞춤이었어요. 청나라는 만주족 외에도 한족, 몽골족 등 모든 사람이 치파오를 입고 다니도록 권장했어요. 당시에는 남녀 모두 치파오를 입었는데, 긴 치마 형태의 치파오와 함께 긴 바지를 입었어요. 하지만 시간이 흘러 몸매가 드러나는 치마 옷만 남고 여성복으로 굳어졌답니다.

특이한 풍습, 전족

지금은 사라졌지만, 옛날 중국에서는 발이 작은 여인을 미인이라 여겼어요. 그래서 여자는 긴 천으로 발을 꽁꽁 묶어 발이 더는 자라지 않게 했지요. 중국의 이러한 풍습을 전족이라고 불러요. 송나라 무렵 시작된 전족은 청나라 때 크게 유행하다 100여 년 전부터는 금지되었다고 해요. 보통 세 살에서 다섯 살 무렵부터 전족을 하는데, 이 때문에 한창 자라야 할 발이 자라지 못했고, 뼈가 부러지거나 발 모양이 바뀌는 등 심한 고통을 받는 이들이 많았어요. 실제로 전족을 한 여인은 지나치게 작은 발 때문에 제대로 걷거나 뛰기가 어려웠다고 해요.

청나라의 음식이 한국에도?

한국 사람들에게 많이 사랑받는 음식 중에 알고 보면 청나라와 관련 있는 음식들이 있어요. 길거리 간식으로 널리 사랑받는 호떡과 중국 요리 탕수육이에요.

1882년 조선에서는 구식 군대의 군인들이 반란을 일으켰어요(임오군란). 급료가 밀린 데다가 신식 군대와 차별했기 때문이에요. 이때 반란 진압을 돕기 위해 조선에 들어온 청나라의 상인이 조선에 남아 먹고살기 위해 팔던 음식이 호떡이에요. 원래 중국의 호떡은 고기나 채소가 들어가는데 한국에 들어와서는 꿀이나 설탕으로 바뀌었다고 해요.

탕수육도 호떡처럼 임오군란 이후 한국에 소개된 음식이에요. 청나라가 영국과의 전쟁인 아편전쟁에서 패한 후 만들어 먹던 청나라 음식이지요. 청은 영국과의 전쟁에서 지고 영국에 항구를 개방했어요. 많은 영국인이 청나라에 들어왔지요. 하지만 영국인은 좀처럼 청나라 음식에 적응할 수 없었어요. 그래서 청의 요리사가 영국인의 입맛에 맞게 만든 요리가 바로 탕수육이랍니다.

나는야 요리사 *찹쌀 소고기 구이

재료

부챗살, 양파 1/3개, 깻잎 3장, 풋고추, 대파 흰 부분 1줄, 찹쌀가루 종이컵 반 컵
고기 밑간 : 소금, 후춧가루 적당량, 키친타월 몇 장

이렇게 도와요!

- 부챗살의 핏물을 뺄 수 있도록 접시에 키친타월을 깔아 둬요.
- 부챗살에 소금과 후춧가루를 뿌려요.
  (어른이 미리 소금과 후춧가루를 적당량 준비합니다.)
- 소고기에 찹쌀가루를 입혀요.
- 어른이 썰어 둔 채소를 찬물에 담가 둬요.
- 완성된 소고기에 파와 채소를 올려 봐요.
- 주방에 남은 음식이나 포장용 비닐봉지를 정리해 봐요.

만들어 봐요!

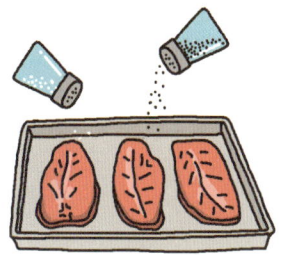

1. 키친타월에 부챗살을 올려놓아 핏물을 뺀 뒤, 소금과 후춧가루를 뿌려 밑간을 해 둡니다.

2. 대파 흰 부분, 양파, 깻잎, 풋고추 약간을 곱게 채 썰어 찬물에 담가 둡니다.

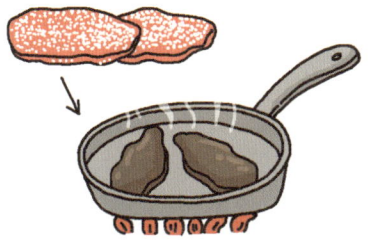

3. 밑간한 부챗살에 찹쌀가루를 고루 묻혀 팬에 기름을 두르고 굽습니다.

4. 접시에 고기를 담고, 채소는 물기를 빼서 소고기의 가운데 올리면 완성!

3
갓파를 부르는 상큼한 음식

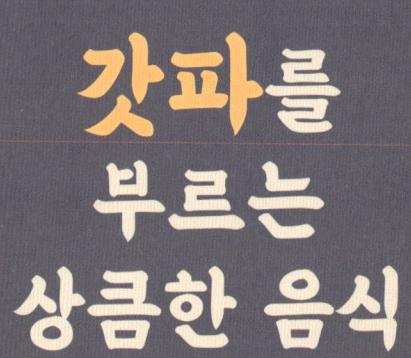

* 큐리타다키과 큐리마키

손님, 주문하신 음식 나왔습니다. 이번에 드실 음식은 일본 요리 **큐리타다키**와 **큐리마키**예요. 큐리는 일본어로 '오이'란 뜻이에요. 모두 일본에서 흔히 만날 수 있는 국민 요리지요. 큐리타다키는 오이를 두드려서 만드는 오이무침이고, 큐리마키는 오이를 넣어 돌돌 만 일종의 김밥이에요.

오이는 한때 옛날 서양에서 왕이나 귀족이 귀한 손님을 맞이할 때나 내오던 먹거리였어요. 오이를 먹는 것 자체가 "나는 부귀한 사람이다."를 알리는 표식이었다고 해요. 일본 사람들은 간식으로 '아이스 오이 꼬치'를 만들어 먹을 만큼 오이를 즐긴답니다. 그런데 일본에는 오이 하면 자다가도 벌떡 일어날 만큼 오이를 사랑하는 장난꾸러기 요괴가 살고 있어요. 모두 그를 이렇게 불러요. 안녕, 갓파!

요괴 사전

사람이야 동물이야, 갓파가 궁금해!

- **이름** : 지역에 따라 80개가량의 이름과 별명이 있고, 보통 '갓파'라 불린다.
- **국적** : 일본
- **사는 곳** : 일본에 있는 강, 바다, 호수 등 물이 있는 곳이면 어디든 있다.
- **생김새** : 머리는 바가지 머리로, 정수리는 머리카락이 빠져 있다. 혹은 머리에 접시를 덮고 있거나 입은 새 부리처럼 뾰족하다. 등은 거북이 같고 손발에는 개구리처럼 물갈퀴가 있다. 양팔은 자유롭게 움직이고 심지어 빠지기도 한다. 키는 어린아이와 비슷하고, 피부는 개구리나 거북이처럼 초록색에 미끈거린다고도 한다.
- **성격** : 붙임성 있고 익살스럽지만, 화가 나면 사람을 해치기도 한다.
- **잘하는 것** : 헤엄치기, 물속에서 아이들이나 말 끌어당기기
- **좋아하는 것** : 오이, 목욕, 씨름
- **싫어하는 것** : 절밥, 경단, 스님
- **갓파 접시의 비밀** : 머리에 쓴 접시에 물이 있는데, 이 물이 마르면 힘을 못 쓴다고 한다.
- **천적** : 원숭이. 갓파는 원숭이와 눈이 마주치면 몸을 옴짝달싹 못 한다. 원숭이가 갓파와 잠수 대결을 해서 이긴 후로 갓파는 원숭이를 더 피한다.

일본의 살아 있는 요괴, 갓파

사람들은 일본을 신들의 나라라 불러요. 왜냐하면 일본에는 신이 셀 수도 없이 많거든요. 옛날부터 일본 사람들은 모든 사물에 영혼이 있다고 믿었어요. 그래서 요괴에도 관심과 사랑을 주었지요. 심지어 국가가 나서서 요괴 전문 센터를 만들기도 했어요. 그곳에선 요괴의 출신 지역, 혈통, 종류 등의 모든 자료를 수집하고, 원하는 사람이면 누구에게나 공개한답니다. 요괴 중에서도 일본 사람의 사랑을 가장 많이 받는 요괴가 있어요. 바로 '갓파'예요.

갓파는 어린아이같이 작은 몸집에 익살스럽고 귀여운 모습을 한 물의 요괴예요. 예전부터 갓파에 대한 소문은 많았어요. 갓파가 물속에서 헤엄치는 아이들을 일부러 잡아당긴다는 이야기, 갓파가 아이 엉덩이에 있는 영혼 구슬(시리코다마)을 빼먹어 아이를 죽게 했다는 이야기, 갓파가 자신을 구해 준 사람의 자식에게 다친 뼈 고치는 법을 알려 준 이야기, 갓파가 은혜를 갚으려고 집 앞에 매일 물고기를 가져다주었다는 이야기 등 다양했지요.

그렇게 소문으로만 오르내리던 갓파가 '갓파의 전성시대'라고 할 만큼 크게 인기 있던 시절이 있었어요. 바로 에도 시대(1603년~1867년)예요. 에도 시대는 도쿠가와 이에야스라는 무사가 에도에 막부를 설치해서 일본 전국을 다스렸던 시대예요. 천황이 있긴 했지만 실제 통치자는 막부의 우두머리였어요. 에도는 지금의 일본 수도 도쿄의 옛 이름이에요. 막부는 12세기부터 19세기까지 있던 일본의 무사 정권을 이르는 말이에요. 막부의 우두머리 가문이 백성을 통치했지요.

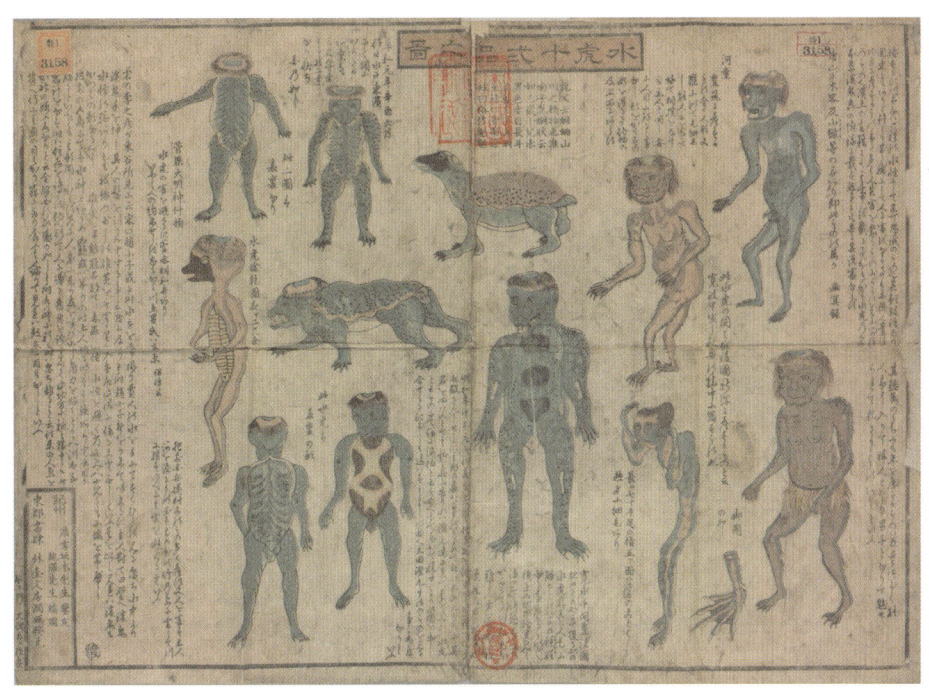

* 옛 책에 등장하는 다양한 갓파 모습

에도 시대는 평화로운 시대였어요. 이전과는 달리 외국과의 전쟁이나 귀족 간의 싸움도 없었지요. 살기가 편해진 일본 사람의 주요 관심사는 소설이나 공연 등의 즐길 거리 문화였어요. 에도 사람들은 '귀신보다 무서운 것은 심심함이다'라고 할 정도로 심심함을 못 참았어요.

이런 흐름을 타고 갓파와 같은 요괴는 소문을 벗어나 에도 사람들의 작품에 주된 소재로 쓰이기 시작했어요. 글 쓰는 사람은 갓파로 요괴 소설을 만들기도 했고 연출가는 연극으로 만들기도 했어요. 소문으로만 떠돌던 갓파의 모습은 일본의 풍속화에 등장하면서 이미지가 뚜렷해졌어요. 갓파가 그

★ 생활 속 문화로 자리 잡은 갓파

림이나 연극의 소재로 사용되자 갓파에 대한 이야기는 더욱더 풍성해졌답니다.

  일본 사람의 갓파 사랑은 지금도 여전해요. 갓파를 어디선가 만났다는 수많은 할아버지와 할머니, 그 이야기를 전해 들은 어린아이들이 많아요. 아직도 갓파가 있다고 믿는 사람들이 많답니다. 그들은 가족 이름을 새긴 오이를 강물에 흘려보내면 갓파가 물놀이 사고를 막아 준다고 믿어요. 사람들은 갓파가 좋아하는 오이초밥을 '갓파마키'라 부르기도 해요. 그 밖에도 갓파를 소재로 한 노래, 만화영화, 게임 등 다양한 방법으로 갓파를 쉽게 만날 수 있어요.

갓파, 넌 어느 별에서 왔니?

미스터리 토론

일본에선 갓파를 부르는 이름도, 이야기도 지역마다 제각각이에요. 그런데 갓파는 도대체 어디에서 어떻게 생겼을까요? 기원이 확실하진 않지만 흥미로운 이야기들이 몇 가지 있답니다.

> 갓파는 원래 중국에서 왔어!

《갓파의 세계》라는 책에 보면 갓파는 원래 중국 황허강 유역에 살았다고 나와요. 그중 갓파의 한 무리가 바다를 건너 일본 규슈 지역에 정착해서 살게 되었죠. 그런데 일본으로 건너간 갓파 무리가 점점 커질 즈음, 갓파들이 논밭을 망치고 약한 여인이나 어린아이에게 못된 짓을 자주 했어요. 그래서 그 지방 영주가 원숭이를 끌어모아 갓파를 공격하게 했죠. 갓파는 열심히 싸웠지만 원숭이를 당해 낼 수 없었어요. 결국 갓파 무리는 여러 지역으로 흩어졌고, 지금 일본 각지에서 갓파를 볼 수 있게 된 거예요. _오사카에 사는 중국인 펭

일본 헤이안 시대 말기에 벌어진 겐페이 전투(1180년~1185년)에서 있었던 일입니다. 그때 헤이케란 무사 집안이 나라를 다스렸어요. 헤이케 집안사람들이 나라의 중요한 일을 모두 맡아서 처리하자 백성과 다른 귀족은 점점 이런저런 불만이 생겼지요. 이때 대대로 헤이케 가문의 라이벌이던 겐지 집안이 다른 무사 가문들의 응원을 받아 헤이케 집안에 맞서기 시작했어요. 전쟁은 일본 전역에서 일어났어요. 치열한 전투 끝에 결국 승리는 겐지 집안이 차지했지요.

겐페이 전투에서 진 무사 집안에서 나왔어

헤이케 집안의 무사들은 패배가 확실해지자 항복하는 대신 죽기로 결심하고 시모노세키 바다에 몸을 던졌어요. 이때 한을 품고 죽은 무사들이 게가 되었다고 합니다. 그리고 집안의 무사를 따르던 여자 종들도 따라 죽었는데, 그들이 나중에 갓파가 되어 전국의 바다와 강으로 퍼졌다는 이야기가 있어요. _도쿄에 사는 무사 가문의 요시모토

갓파를 부르는 오이의 비밀

노폐물을 몸 밖으로 내보내고 부기를 뺄 수 있게 도와줘!

조선 시대 명의 허준이 쓴 《동의보감》에는 오이를 먹으면 소변이 잘 나오고 몸의 부기가 빠진다고 나와 있어요. 오이는 수분이 매우 많고, 칼륨이 풍부한 채소예요. 오이를 먹으면 오이에 있는 물과 칼륨이 우리 몸속의 중금속과 노폐물을 소변이나 땀으로 내보내는 데 도움을 줘요.

피부를 맑고 깨끗하게!

오이는 비타민 C가 풍부해요. 비타민 C는 우리 피부를 밝고 깨끗하게 만들어 줘요. 얼굴에 기미나 주근깨가 생기는 것도 예방해 주지요. 여름철 햇볕에 오래 있어서 피부가 빨갛게 변했다면 오이를 얇게 썰어 붙여 보세요. 오이에 있는 수분이 피부의 열을 가라앉혀 준답니다.

요괴 나라

갓파의 나라, 일본이 궁금해!

일본은 태평양에 있는 섬나라예요. 지각이 불안정해 지금도 화산 폭발이나 지진이 잘 일어나요. 자연재해가 많은 나라지요. 지리적으로 한국과 아주 가까운 나라이기도 해요. 부산에서 비행기를 타고 일본 후쿠오카까지 가는 데 한 시간밖에 걸리지 않는답니다.

일본에는 사무라이가 있어요!

일본은 12세기~19세기까지 무사가 나라의 정권을 잡았어요. 이 시대를 막부라고 불러요. 막부의 우두머리인 쇼군이 나라를 다스렸고, 그 아래 쇼군과 귀족을 지키며 칼로 백성을 다스리던 사무라이 계급이 있었어요. 늘 허리에 긴 칼을 차고 다녔는데, 칼은 사무라이만 가지고 다닐 수 있었다고 해요. 사무라이는 쇼군과 평소 자신이 모시는 귀족의 안전을 책임지는 경호를 맡았고, 전쟁이 나면 귀족을 위해 싸웠어요. 자신이 지키고자 하는 명예와 의리를 위해서라면 어떤 상황에서도 물러나지 않고 맞섰어요. 심지어 목숨까지 걸고 말이에요. 목숨도 기꺼이 버리는 그들의 의리를 두고 사람들은 무사도 혹은 사무라이 정신이라 불렀어요. 사무라이 정신은 일본 사람의 정신에 많은 영향을 끼쳤어요. 한국 하면 조선 시대 선비를 떠올리는 것처럼 사람들은 일본 하면 사무라이를 쉽게 떠올린답니다.

일본의 전통 의상 기모노

기모노는 일본을 대표하는 전통 의상이에요. 일본어로 걸치다란 뜻의 '키루'와 물건이란 뜻인 '모노'가 합쳐진 말이에요. 넓은 소매와 발목까지 내려오는 옷단, 허리 부분에 옷을 여며 주는 넓은 띠 오비를 두르는 것이 특징이에요. 기모노를 입을 때는 나무로 만든 신발인 게다도 함께 신어요. 귀족 문화가 발달하면서 기모노도 점점 아름답고 화려해졌어요. 오늘날 기모노는 일본 여성이 축제나 행사가 있을 때 주로 입어요.

행운을 부르는 고양이, 마네키네코

일본 식당이나 가게에서 자주 만날 수 있는 인형이 있어요. 사람들은 그것을 '마네키네코'라 불러요. 마네키네코는 '초청하는 고양이'란 뜻이에요. 앞발을 들어 무엇인가를 부르는 자세를 하고 있어요. 그런데 어느 쪽을 들고 있느냐에 따라 의미가 좀 다르다고 해요. 왼쪽 앞발을 들고 있으면 손님을, 오른쪽을 들고 있으면 돈과 행운을 부르죠. 또 금색 고양이는 돈, 분홍색 고양이는 사랑을 상징하고, 검은색 고양이는 악마를 물리쳐 준다고 해요.

행운을 부르는 고양이, 마네키네코에 전해 오는 이야기는 여러 가지가 있어요. 그중 한 가지 이야기를 들려줄게요.

도쿄에 몹시 가난한 할머니가 살았어요. 할머니는 고양이 한 마리를 기르고 있었는데, 너무 가난해서 더는 기를 수 없었어요. 어쩔 수 없이 고양이를 길에 풀어 주었지요. 그날 밤 할머니의 꿈에 고양이가 나타나 자기를 닮은 인형을 만들어서 팔라고 했대요. 이튿날부터 할머니는 고양이 인형을 만들어 팔았는데, 그 인형이 인기를 끌어 큰 부자가 되었답니다.

'돈가스'는 어떻게 만들어졌을까?

7세기 무렵 일본 사람은 고기를 많이 먹으면 몸과 마음이 더러워진다고 생각해 육식을 멀리해 왔어요. 그러다 19세기 후반 서양인이 일본에 들어와 살게 되면서 다시 고기를 먹기 시작했어요. 처음에는 여전히 채식을 고집하는 사람이 많았어요. 그래서 왕이 직접 소고기와 돼지고기의 좋은 점을 글로 써 사람들에게 권장했어요. 그러나 서양의 돼지고기 음식은 일본인의 입맛에 좀처럼 맞지 않았어요. 고기를 맛있게 먹으려면 조리법을 연구해야 했고, 노력을 거듭한 끝에 일본식 양식이 생겨났어요. 한국 사람도 즐겨 먹는 돈가스가 그중 하나랍니다.

전통 연극 가부키

일본엔 가부키란 전통 연극이 있어요. 가부키 전용 극장에서는 화려한 기모노를 입고 얼굴에 하얗게 분칠을 한 배우들을 볼 수 있어요. 하얀 얼굴에 빨강, 검정 등의 색으로 포인트를 준 그들의 독특한 화장법은 매우 인상적이에요. 배우는 모두 성인 남자예요. 여자 역할을 할 땐 겉모습뿐만 아니라 목소리와 몸짓도 감쪽같이 흉내 내요. 가부키는 17세기 무렵 한 신사의 무녀가 당시 유행하던 노래를 부르고 우스꽝스러운 춤을 추며 공연한 것에서 시작되었어요. 그 후 에도 시대 사람들에게 큰 인기를 얻었어요. 2008년에는 유네스코가 세계무형유산으로 선정하기도 했어요.

일본의 전통 스포츠 스모

한국에 씨름이 있다면 일본엔 스모가 있어요. 모래판에서 두 선수가 도구 없이 맨몸으로 싸우는데, 상대방을 쓰러뜨리거나 경기장 밖으로 밀어내는 사람이 이기는 경기예요. 스모는 고대 시대에 농사가 잘되게 해 달라고 신에게 비는 행사에서 출발했어요. 에도 시대에는 전 국민의 오락으로 자리 잡았고 오늘날까지 남녀노소 할 것 없이 많은 사랑을 받는답니다. 게다가 스모 선수의 큰 덩치와 뒤로 묶은 머리 모양, 그리고 유일하게 몸에 걸치는 훈도시는 다른 나라 사람에게도 강렬한 인상을 주고 있어요.

스모 시합 전에 선수는 모래판에 소금을 뿌려요. 나쁜 기운을 막고 선수들이 다쳤을 때 소독이 되라는 의미랍니다. 그리고 정화수를 마시고 종이로 입을 닦아요. 이는 물로 좋은 기운을 얻고 몸과 마음을 깨끗하게 만든다는 뜻이고요.

나는야 요리사 *오이롤초밥

재료

다시마, 쌀, 오이, 게맛살 혹은 참치, 소금, 설탕, 식초, 마요네즈, 슬라이스칼

이렇게 도와요!

- 오이를 깨끗하게 씻어 봐요.
- 밥을 지을 때 다시마를 넣어요.
- 참치를 꼭 짜서 기름을 빼요.
- 참치나 게맛살에 소금과 마요네즈를 뿌려서 비벼 줘요.
- 주방에 남은 음식이나 비닐봉지를 정리해 봐요.

만들어 봐요!

1. 다시마를 넣고 밥을 짓습니다.

2. 오이를 슬라이스칼로 길게 썬 뒤, 굵은 소금에 재어 둡니다.

3. 기름을 뺀 참치나 잘게 찢은 게맛살에 마요네즈와 소금을 뿌려 비빕니다.

4. 식초 3숟갈, 설탕 1숟갈, 소금 1숟갈을 잘 섞어서 밥에 골고루 뿌려 비빕니다.

5. 소금에 절인 오이를 물에 헹궈 탁구공만큼 밥을 덜어 내 오이에 돌돌 말아 줍니다.

6. 참치나 게맛살을 초밥 위에 올리면, 완성!

4

좀비를 무덤으로 돌아가게 한 소중한 음식

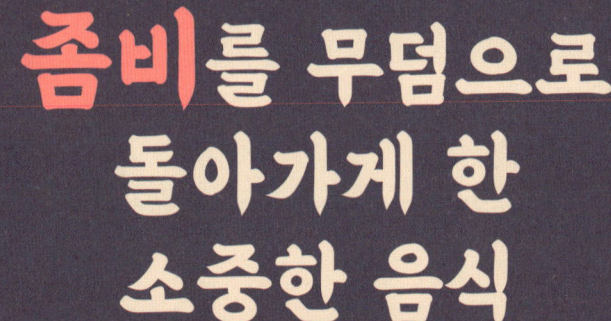

* 아이티 패티와 염장 대구

이번 요리는 에메랄드빛으로 반짝이는 카리브해에 자리 잡은 섬나라 아이티에서 왔어요. 이름은 **아이티 패티**입니다. 아이티 사람들은 길거리 간식으로도 먹고 모임에서도 즐겨 먹어요.

이 요리는 아이티를 한때 오랫동안 지배했던 프랑스의 영향을 받은 음식이에요. 패티 속은 다양한 재료로 채울 수 있어요. 다른 나라들처럼 소고기나 돼지고기를 넣기도 해요. 하지만 소금에 절인 생선이 들어 있는 패티는 오직 아이티에서만 먹을 수 있답니다. 바로 이 음식이죠! 옛날 냉장고가 없던 시절에는 음식을 오래 보관하기 위해 소금을 이용했어요. 평균 기온이 높은 아이티에선 늘 생선을 소금에 절여 먹었지요.

또 아이티에서는 너무 가난해서 먹을거리가 없는 사람들이 진흙에 소금을 넣어 진흙 쿠키를 만들어 먹기도 했어요. 뿐만 아니라 약이 부족한 아이티에선 콜레라 같은 전염병을 예방하거나 치료하기 위해 소금을 썼어요. 그래서 국제연합(UN)이나 난민 캠프에서는 아이티 사람들에게 소금을 나눠 주기도 했답니다.

옛날부터 아이티에서는 소금을 다른 용도로도 썼어요. 소금이 이 요괴를 다시 무덤으로 돌아가게 할 수도 있었거든요. 바로 좀비예요!

요괴 사전

무덤에서 나온 좀비가 궁금해!

- **이름** : 좀비
- **국적** : 아이티
- **생김새** : 얼핏 보면 사람의 모습이지만, 엄연히 시체이기 때문에 많이 다르다. 고개는 거의 45도 각도로 기울어져 있고, 얼굴은 창백하며 눈에 초점이 없다.
- **성격** : 앞뒤 재지 않는 성격에 생각이 없다. 남녀노소 할 것 없이 사람을 보면 물불 안 가리고 일단 달려든다.
- **특징** : 전염력이 강하다. 좀비에게 물리면 바로 좀비가 되거나 좀비 바이러스에 감염될 수 있다.
- **이동 방법** : 평소 걸음걸이는 느리게 어기적어기적 걷지만 사람을 발견하면 매우 빨라진다.
- **좋아하는 것** : 오로지 피와 살아 있는 사람
- **좀비를 처음 만든 사람** : 부두교의 사제
- **좀비 주술을 푸는 법** : 소금. 소금을 먹은 좀비는 자신이 묻혔던 무덤으로 돌아간다.
- **좀비 바이러스 감염 증상** : 갑자기 추위를 많이 타게 되고 평소 먹던 음식이 맛없어진다. 피부가 창백해지고 혀가 둔해져 말이 어눌해진다. 손발이 차가워지고 갑자기 몸이 뻣뻣해지거나 호흡이 힘들어진다.

좀비, 아이티에 나타나다!

무시무시한 좀비가 정말 나타난 곳이 있었어요. 바로 카리브해에 있는 아이티라는 나라예요.

아이티는 오랜 세월 동안 스페인과 프랑스의 지배를 받아 왔어요. 지배자들은 아이티의 원주민을 노예로 부렸어요. 노예가 된 많은 이들이 심한 노동과 질병으로 죽어 갔어요. 그러자 부족한 노동력을 채우기 위해 이번에는 아프리카 사람을 납치해 아이티로 데려가 노예로 만들었어요.

힘들고 고된 나날이 이어지자 많은 아프리카 노예들은 자유를 꿈꿨어요. 농장을 탈출해 산속으로 숨어드는 노예가 늘었지요. 이때 탈출한 노예들을 하나로 똘똘 뭉치게 이끌었던 무리가 바로 부두교의 제사장들이었어요. 부두교는 아프리카 사람들이 믿는 종교예요. 그들의 조상신이나 수호신을 '보둔'이라고 부르며 믿었지요. 그리고 이해하기 힘든 자연 현상이나 신기한 일이 벌어지면 신이 인간에게 보내는 메시지라고 생각했어요. 제사장은 이런 신의 메시지를 해석하고 사람들에게 알려 주는 역할을 했으니 영향력도 컸을 거예요. 그런 제사장이 탈출한 노예를 이끄는 건 당연한 일이었어요. 그들은 지배자들의 눈을 피해 노예들만의 부두 의식과 집회를 열었답니다.

부두교의 제사장은 노예들에게 독초와 독약 다루는 법을 알려 주기도 하고 노예들의 독립운동도 도왔어요. 그들은 주술이나 독약으로 사람을 시체로 만들고, 그 시체를 다시 살리는 주문을 걸 수 있었어요. 그렇게 되살아난 시체를 자신의 꼭두각시로 만들 수도 있었어요. 그 꼭두각시를 좀비라고 불렀지요. 무서운 흑마술이었답니다. 아프리카 노예든 스페인 사람이든 프랑스 사람이든 누구라도 좀비가 될 수 있었어요.

곧 좀비에 관한 소문이 아이티에 퍼지기 시작했어요. 한밤중에 시체가 멀쩡히 돌아다녔다거나 제사장의 눈 밖에 난 어떤 스페인 농장주가 며칠 후 좀비가 되었다는 등의 이야기였어요. 그동안 아프리카에서 건너온 부두교를 미개인의 종교라며 무시해 왔던 유럽 사람들도 나중엔 좀비 저주에 걸릴

까 봐 두려워했어요. 가톨릭을 믿는 농장주와 군인들도 부두교와 좀비를 무서워했어요. 좀비로 지배자에게 공포심을 심는 데 성공한 노예들은 이를 밑거름 삼아 힘을 더욱더 키워 나갔어요.

노예 지도자들은 광장을 지나는 사람들에게 예언했어요.

'머지않아 이 땅의 백인이 모두 물러나고 노예는 자유의 몸이 될 것이다!'

또 독립운동하는 노예들은 유럽 사람에게 공격당해도 다치지 않는 부적

을 가지고 다니기도 했어요. 좀비뿐만 아니라 독립운동하는 노예도 지배자들에게 공포의 대상이 되었지요. 결국 아이티의 노예는 훗날 유럽 군대를 몰아내는 데 성공했어요.

이렇게 아이티에 나타났던 좀비는 나중에 아이티를 방문한 한 외국인 학자에 의해 세상에 널리 알려졌어요. 그는 옛날 아이티 사람들이 약으로 사용하던 식물을 연구하는 학자였어요. 독약을 조사하다가 나르시스란 이름을 가진 좀비를 알게 되었어요. 그리고 부두교의 주문과 비밀 독약으로 좀비를 어떻게 만드는지 알아냈지요. 또 소금을 이용해 좀비에 걸린 주문을 푸는 방법도요. 좀비는 소금을 먹으면 그 맛에 자신이 죽었음을 깨닫고 어떻게든 자신이 묻혔던 곳으로 돌아갔어요. 그 과학자는 좀비와 부두교 이야기를 《뱀과 무지개》라는 책을 통해 세상에 널리 알렸어요.

살아 있는 시체라니! 좀비는 뒤늦게 세상에 알려졌지만 사람들은 빠르게 좀비에 열광했어요. 좀비는 아직도 많은 사람을 가장 공포에 떨게 만드는 무시무시한 존재랍니다.

미스터리 토론

좀비, 과연 실제로 있었을까?

아이티의 형법 246조에서는 사람을 좀비로 만드는 약물을 살인 도구라고 말하고 있어요. 실제로 아이티에는 죽은 사람이 좀비가 되는 일이 종종 일어났다고 해요. 하지만 과연 좀비가 정말 있을까요? 학자들은 아이티의 좀비를 어떻게 생각할까요?

나는 소문으로만 떠돌던 좀비 이야기가 사실인지 알아보려고 직접 아이티로 갔어요. 흑마술을 쓰는 마법사(제사장)와 힘겹게 친해졌죠. 그곳에서 직접 좀비 나르시스를 만나기도 했어요. 그리고 좀비의 실체를 알게 되었죠. 좀비를 만들 때 제사장은 주술과 함께 좀비 가루라는 것을 뿌려요! 그 가루엔 복어의 독이 들어 있어요. 복어의 독으로 좀비를 만들 수 있어요! _하버드 교수이자 과학자, 웨이브 데이비스

난 좀비를 만났어!

죽은 사람은 절대 되살아날 수 없어!

상식적으로 생각해 봐요. 좀비는 죽은 사람일 뿐이에요. 죽은 이를 다시 살려 내는 것은 최첨단 기술이나 의술로도 불가능해요. 그런데 어떻게 좀비 가루와 제사장의 흑마술로 그 어려운 일을 손쉽게 해낼 수 있죠? 게다가 시체가 일어나서 일도 하고 산 사람처럼 생활도 한다니. 좀비는 그저 부두교와 아이티에서 만들어 낸 쇼일 뿐이라고요!

_영국의 교수, 롤랜드

부두교에서는 사람의 육체나 영혼을 신에게 바치는 제사장이 있어요. 좀비는 의학적으로 설명이 안 되는 존재지만, 부두교의 주술이라면 아예 불가능하다고 할 수도 없죠. _심령학자, 크레이크 해밀톤 파커

부두교의 주술이라면 가능할 수도…

좀비를 무덤으로 돌려보낸 소금의 비밀

소금에 들어 있는 나트륨, 우리 몸에 꼭 필요해!

소금에는 나트륨이 들어 있어요. 나트륨은 지나치게 많아도 부족해도 안 되는 우리 몸에 꼭 필요한 미네랄 성분이에요. 이 성분은 우리 몸에 쌓여 있는 노폐물을 밖으로 배출시키는 일을 해요. 또 체온을 유지시켜 주기도 하지요.

나쁜 세균을 막아 줘!

세균은 장운동을 돕는 유산균처럼 좋은 균도 있지만, 배탈을 일으키는 나쁜 균도 있어요. 소금은 이 나쁜 균이 퍼지는 것을 막아 줘요. 냉장고가 없던 시절 사람들은 음식을 오래 보관할 때 소금을 사용했어요. 음식이 빨리 상하는 것을 막기 위해서요. 또 잇몸에 상처가 나거나 목감기에 걸렸을 때 소금물을 사용하면 통증을 줄일 수 있어요. 옛날에는 소금으로 이를 닦기도 했답니다.

좀비의 나라, 아이티가 궁금해!

아이티는 서인도 제도에 있는 섬나라예요. 국토의 4분의 3이 산으로 이루어져 있어요. 나라 이름도 '산이 많은 땅'이란 뜻의 원주민 말에서 나왔답니다.

2010년, 아이티를 덮친 지진

2010년 1월 12일은 자연이 아이티 사람들의 희망을 앗아 간 날이에요. 규모 7.0의 강력한 지진이 아이티를 뒤흔들었어요. 지진 강도 6.0이면 일본에 떨어진 핵폭탄의 폭발력과 맞먹는다고 하니 그 피해가 엄청났지요. 목숨을 잃거나 다친 사람이 30만 명이고, 피해를 입은 사람은 아이티 전체 인구의 3분의 1이나 되었어요. 도시 바로 밑에서 일어난 지진은 주요 정부 건물이나 병원 등 모든 것을 무너뜨렸어요. 하지만 나라는 이를 복구할 돈이 부족했어요. 지진 이후 여러 나라에서 생필품, 식량, 의료 등의 지원이 잇달았지만, 아이티는 지진 이전에도 진흙 쿠키를 먹을 정도로 가난한 나라였기에 피해 복구가 오래 걸렸어요. 지진이 남긴 고통은 10년이 지난 지금도 여전히 이어지고 있답니다.

아이티를 자주 덮치는 허리케인

한국에는 여름과 가을에 걸쳐 태풍이 상륙해요. 태풍은 강한 바람과 비를 동반하는 열대성 저기압인데, 대서양 서부나 북태평양 동부에서 발생하는 열대성 저기압을 허리케인이라고 불러요. 아이티는 허리케인이 지나가는 길목에 있기 때문에 해마다 사람들이 집을 잃거나 농작물을 잃는 등 피해가 매우 크답니다. 허리케인이란 단어는 아이티의 히스파니올라섬의 원주민이 쓰던 말에서 나왔어요. 그들은 날씨를 담당하는 신을 후라카(Huracá) 혹은 후라칸(Juracan)이라 불렀는데, 이 말이 그 당시 섬을 지배하던 스페인 사람들을 거쳐 훗날 허리케인이란 말이 되었답니다.

어린이 노예 레스타벡

아이티에는 레스타벡(같이 산다는 뜻)이라는 어린이 노예가 있어요. 형편이 좋지 않은 가난한 부모가 부유한 집으로 아이를 보내요. 아이는 그 집에서 먹고 자고 교육받는 것을 보장받지요. 대신 그 집의 일을 해야 해요.

레스타벡이라 불리는 아이들은 대부분 힘들게 생활해요. 잘 먹지도 못하고 온종일 힘든 일을 하지요. 또 신체적, 정신적 폭력을 당하는 경우도 있어요. 그러다 법으로 급여를 보장받는 15세가 되면 빈털터리로 쫓겨나는 일이 많아요. 계속된 가난으로 아이티의 어린이 노예는 줄기는커녕 더 늘어났다고 해요. 아이티뿐만 아니라 국제적으로도 이 문제를 해결하려는 관심과 노력이 필요한 상황이랍니다.

아이티의 금속 예술

탑탑

부두 축제

해적 검은수염

아이티의 교통수단 탑탑

아이티 수도에는 트럭이 아주 많아요. 사람들은 이 트럭을 '탑탑'이라고 불러요. 아이티 사람이 가장 많이 이용하는 대중교통이지요. 승객이 내릴 때 트럭을 두 번 때리는데 이 소리를 따서 탑탑이라 부르게 되었어요. 차에는 제각각 화려한 문양과 그림이 그려져 있어요. 좋아하는 축구 선수부터 사랑에 관한 문구나 그림, 종교적 이야기까지 아주 다양해요. 승객은 트럭의 짐칸에 타요. 한 번에 많은 사람을 태우기 때문에 트럭은 아주 느리게 달려요. 비가 와서 차가 구덩이에 빠지는 날에는 승객이 모두 내려 트럭을 밀어야 해요. 깊숙한 산골에서는 아직도 나귀를 타고 다녀요. 그러다 보니 사람들이 도시로 장을 보거나 볼일을 보러 갈 때는 탑탑이 꼭 필요해요.

아이티의 부두 축제

부두 축제는 아이티에서 열리는 큰 규모의 축제예요. 부두교를 믿는 아이티 사람들은 강물이나 연못에서 몸을 정갈히 씻고, 제사 음식과 술을 부두 신에게 바쳐요. 춤을 추는 행사나 종교 의식이 여러 날에 걸쳐 치러지지요.

부두교에서 나온 좀비와 흑마법 등으로 한때 아이티 정부와 가톨릭교는 부두교를 탄압했던 적도 있어요. 하지만 부두교는 여전히 많은 아이티 사람들의 버팀목이 되고 있답니다.

아이티의 바다에는 해적 보물선이 있어요

해적은 바다에서 배를 타고 활동하는 강도예요. 카리브해에 있는 아이티의 작은 섬 중 한 곳은 17세기 해적의 주 무대였지요. 당시 아이티의 바다는 금이나 은, 값비싼 상품을 가득 실은 배들이 많이 지나가는 통로였어요. 해적은 이 보물을 약탈하고 배를 침몰시켰는데, 미처 보물을 빼앗지 못하고 침몰한 배들도 있었어요. 아이티 앞바다에선 은 32톤을 실은 스페인 화물선이 발견된 적도 있어요. 지금도 아이티 바다에는 발견하지 못한 보물선이 있고, 해적이 종종 나타난답니다.

깡통으로 만든 금속 예술

노예로 끌려온 아프리카 사람이 아이티에 정착하면서부터 아이티의 대중 예술이 시작되었어요. 그들은 힘든 환경에서도 희망을 잃지 않고 자신들의 독특한 예술을 꾸준히 발전시켰지요. 특히 아이티의 금속 세공품은 많은 관심을 받고 있어요. 아이티의 크루아데부케(Croix-des-Bouquets)라는 고장에는 집마다 개성 넘치는 금속 세공품이 간판처럼 걸려 있어요. 그런데 그 재료가 빈 석유 드럼통이나 깡통이에요. 드럼통에 붙은 석유 찌꺼기를 제거한 뒤 디자인 도안 그리기와 색칠까지 모두 직접 만들어 가치가 높아요. 금속 세공품을 비롯한 아이티의 예술은 지진이나 허리케인, 극심한 가난을 마주한 아이티 사람에게 희망을 불어넣어 준답니다.

나는야 요리사 *허브 솔트

재료

볶은 소금(천일염도 가능)과 마른 허브(로즈메리, 바질 등)를 4 : 1의 비율로 준비, 월계수 가루, 후춧가루

이렇게 도와요!

- 소금을 꺼내 놓아요.
- 어른의 도움을 받아 믹서를 안전하게 사용해요.
- 주방에 남은 음식이나 비닐봉지를 정리해 봐요.

만들어 봐요!

1. 믹서에 소금과 마른 허브를 넣어 줍니다.(소금 4, 허브 1의 비율이면 좋아요.)

2. 기호에 따라 월계수 가루, 후춧가루를 믹서에 넣어 줍니다.

3. 믹서 버튼을 눌러 적당히 갈아 주면 허브 솔트 완성!

5
지옥의 신 시발바도 항복한 놀라운 음식

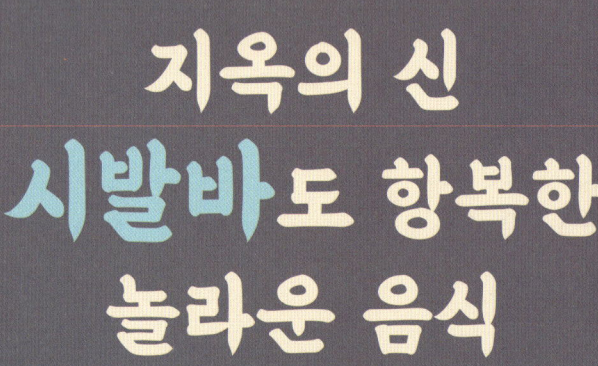

* 엔칠라다와 타말레

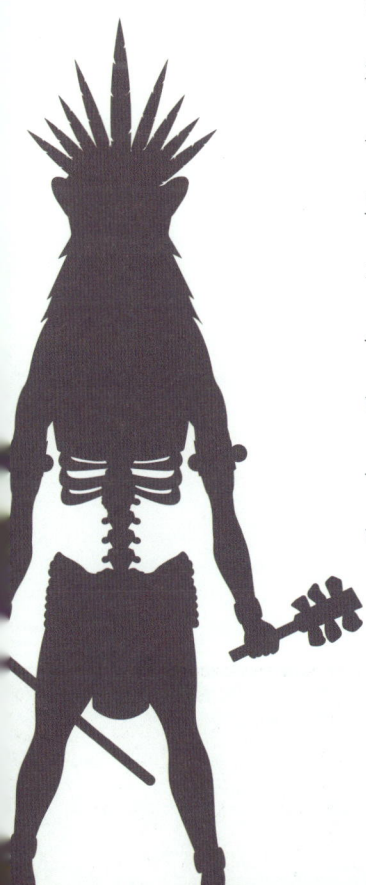

자, 이번 요리는 멕시코 요리입니다. 혹시 역사 속에서 사라진 고대 마야 문명을 아시나요? 멕시코는 바로 마야 문명의 비밀을 품은 나라랍니다. 맛있는 멕시코 요리 **엔칠라다**와 **타말레**를 소개할게요.

엔칠라다는 매콤해서 한국인의 입맛에 가장 잘 맞는 멕시코 요리예요. 얇은 만두피 같은 옥수수 토르티야에 생선이나 고기, 채소 등을 넣어 돌돌 말아 그 위에 매콤한 맛을 내는 붉은색 칠리소스와 치즈 등을 올려 만들어요.

타말레는 만두와 비슷해요. 옥수수 반죽 안에 닭고기나 각종 채소를 넣고, 그걸 옥수수 껍질에 싸서 쪄 먹는 요리예요. 두 음식 모두 멕시코 고대 마야 문명 사람이 즐겨 먹던 요리랍니다.

또 둘 다 옥수수가 들어 있어요. 그런데 옥수수는 마야 사람에겐 단순한 음식 이상이었어요. 마야 사람들은 신들의 왕을 옥수수 신이라고 생각했고 심지어 사람도 옥수수 반죽으로 만들었다고 믿었어요. 그런데 옥수수 신이라면 쳐다보기도 싫어하는 무시무시한 지옥의 신이 있었어요. 그 신은 아마 지금도 옥수수만 보면 치를 떨 수도 있어요. 지옥의 신 이름은 시발바예요!

요괴 사전

무시무시한 시발바가 궁금해!

- **이름** : 시발바
- **국적** : 마야
- **별명** : 키진, 마야어로 방귀쟁이라는 뜻
- **사는 곳** : 아주 깊은 지하 세계의 지옥. 지옥의 이름도 시발바라 불린다.
- **비슷한 인물** : 한국의 염라대왕, 그리스 신화의 하데스
- **하는 일** : 지옥을 다스리고, 질병을 담당하는 신
- **가족 관계** : 딸 스꿱, 손자 우나뿌와 스발란께
- **생김새** : 기괴하고 무섭게 생겼으며, 똥배가 많이 나오고, 눈알 목걸이를 하고 있다.
- **특징** : 층간 소음에 예민하다. 지하 세계의 우두머리로, 모든 지옥의 신이 시발바의 부하다.
- **성격** : 비열하고 욱하는 성격이다.
- **좋아하는 것** : 죽음의 사자에게 일 시키기, 납치한 아이들 일 시키기, 무서운 내기하기
- **싫어하는 것** : 공, 공놀이 소리, 발 구르는 소리, 아이들 소리
- **싫어하는 음식** : 옥수수로 만든 것들. 좋지 않은 기억이 있기 때문이다.
- **기르는 동물** : 밤에 활동하는 올빼미와 살인 박쥐를 기르며, 가끔 지상으로 심부름을 보낸다.
- **지옥 회의** : 시발바의 심기를 건드려 짜증 나게 한 이를 누가 언제 어떻게 죽이고 괴롭힐지를 결정하기 위해 시발바가 여는 회의다.

쌍둥이 형제에게 진 지옥 신 시발바

　고대 마야 사람들은 사람이 죽으면 지하 세계로 간다고 믿었어요. 지하 세계는 온갖 병에 걸리게 하고 고통을 주는 무자비한 악마들이 사는 곳이에요. 악마 중에서도 지옥 신 시발바가 가장 무서웠다고 해요. 마야 신화 '뽀뽈부'에 시발바에 대한 유명한 이야기가 나온답니다.

　쌍둥이 형제 훈우나뿌와 부뿝우나뿌는 그날도 공놀이에 빠져 하루를 보내고 있었어요. 하지만 그날만은 공놀이를 하지 말아야 했어요. 그날의 공놀이로 쌍둥이 형제의 모든 것이 바뀌었거든요. 사실 그들이 쿵쾅대며 달리던 곳은 겉으로 봤을 땐 평범한 경기장이었지만 지옥으로 통하는 입구이기도 했어요. 그곳에는 자비 없는 지옥의 왕 시발바와 여러 지옥 신이 살고 있었지요.
"악! 이게 무슨 소리야. 너무 시끄러워! 이러다 지옥이 무너지겠어!"
형제의 공놀이하는 소리에 지하 지옥의 신들은 모두 괴로워했어요. 하지만 그 사실을 쌍둥이는 전혀 몰랐지요.
훈우나뿌가 막 공을 차려던 순간이었어요. 갑자기 형제 앞에 올빼미 네 마리가 나타났어요.
"둘이 놀면 재미없지. 저기 지하로 가서 우리와 같이 공놀이 시합하자! 훨씬 재미있을 거야."
순진한 쌍둥이 형제는 올빼미를 따라 지하 세계로 갔어요.

하지만 지하 세계에 내려간 형제는 올빼미의 말대로 공놀이를 할 수 없었어요. 올빼미의 말은 모두 거짓말이었거든요. 올빼미는 지옥의 왕 시발바와 지옥 신들이 보낸 심부름꾼이었어요. 그날 시발바와 지옥 신들은 쌍둥이 형제를 죽였어요.

지옥 신들은 열매를 맺지 못하는 나무에 훈우나뿌의 머리를 매달았어요. 그러자 신기하게도 그 나무에 조롱박 열매가 열렸어요. 훈우나뿌 머리도 조롱박 중 하나가 되었지요.

그러던 어느 날 시발바의 딸 스꾁이 조롱박 이야기를 듣고 훈우나뿌의 나무를 구경하러 갔어요. 열매가 된 훈우나뿌는 그녀의 손에 침을 뱉었지요. 그리고 얼마 후 스꾁은 아이를 갖게 되었어요. 그것도 쌍둥이를요! 시발바는 화가 나서 딸 스꾁을 죽이려고 했어요.

스꾁은 화가 난 아버지를 피해 땅 위로 탈출했고, 그곳에서 쌍둥이를 낳아 길렀어요. 쌍둥이의 이름은 우나뿌와 스발란께예요. 스꾁의 쌍둥이 아들도 공놀이를 즐겼어요.

"아! 시끄러워! 한동안 잠잠하더니 이번엔 또 무슨 일이야?"

지하의 신들은 쿵쾅거리는 소리에 다시 화가 났어요. 그들은 이번에도 올빼미를 보냈지요. 그런데 우나뿌와 스발란께는 달랐어요. 올빼미의 속임수에 넘어가지도 않았고, 지옥 신들과의 내기에서도 이겼어요. 하지만 지하의 신들은 어떻게든 쌍둥이를 해치려 했어요. 불구덩이를 파고 쌍둥이에게 뛰어넘으라고 했지요. 결국 쌍둥이는 불구덩이에 빠져 죽었는데, 다행히 얼마 후 다시 살아났어요. 다시 살아난 쌍둥이에게는 죽은 것들을 살려 내는 신기한 능력이 생겼어요.

"이번엔 우리 차례야!"

쌍둥이는 복수를 다짐하며 시발바를 다시 찾았어요. 그리고 지하 신들을 속이고 목숨을 건 시합을 했지요. 마침내 지하의 신들은 모두 죽고 다시 살아날 수 없었어요. 복수를 마친 쌍둥이 형제는 죽은 아버지 훈우나뿌와 삼촌 부뿝우나뿌를 옥수수 신이자 첫 마야 사람으로 부활시켰어요. 그리고 자신들은 하늘로 올라가 해님과 달님이 되었답니다.

지하의 신들을 물리치고 아버지와 삼촌을 옥수수 신으로 부활시킨 용감한 쌍둥이 형제. 지하 세계에 사는 시발바와 지옥 신들은 옥수수라면 분해서 부들부들 떨지 않을까요?

미스터리 토론

고대 석굴 사원, 시발바가 사는 지옥의 입구일까?

　2007년 여름 어느 날, 멕시코에서 마야 시대에 세워진 것으로 보이는 고대 석굴 사원이 발견되었어요. 놀랍게도 그 사원에는 사람 뼈로 보이는 것들이 있었어요. 멕시코의 고고학자들은 이곳을 지옥의 입구라고 주장했어요. 훈우나뿌와 부뿝우나뿌 형제가 정말 이곳을 통해 지옥으로 갔을까요?

지옥의 입구가 틀림없어요!

굉장히 정교하게 지어진 사원이 두 개가 있어요. 게다가 그 사원은 일반 사람이 접근하기 어려운 미로 속에 있고요. 아마 여기서 발견된 뼈들은 분명 지옥 신에게 바쳐진 제물일 것입니다. 마야 사람은 지옥 신을 위해 지옥의 입구에 제단을 만들고 제사를 지냈을 거예요. 아, 정말 위대한 발견이지 뭐예요! _사원의 발견에 놀란 멕시코 고고학자

기뻐하기엔 아직 이르지 않을까요? 발견된 지도 얼마 안 되었고, 더 조사해 봐야 하잖아요. 더군다나 지옥의 입구라고 불리는 곳은 여기 말고도 더 있어요. 중요한 건 말이죠, 그것이 정말 지옥으로 가는 입구라고 해도 내 눈앞에 시발바가 나타나면 모를까 못 믿겠어요. 신은 신일 뿐, 말도 안 되는 일이에요! _아직 의심 중인 사람들

지옥의 문이라니! 그게 정말 있다고 생각해?

시발바를 무너뜨린 옥수수의 비밀

옥수수는 더운 여름을 견디게 해 줘!

옥수수에는 비타민 B부터 칼륨, 마그네슘 등의 많은 영양소가 들어 있어요. 장운동을 도와주는 식이섬유가 풍부해서 많이 먹어도 배탈이 잘 나지 않아요. 입맛을 잃기 쉬운 더운 여름에 먹으면 영양도 골고루 챙길 수 있고 변비에도 걸리지 않아요.

옥수수는 빈혈을 예방해!

혈액 속 헤모글로빈은 우리 몸을 돌며 산소를 운반해요. 헤모글로빈이 부족하면 빈혈이 생기지요. 그런데 옥수수에 있는 철분이 빈혈을 예방해 줘요. 만약 어지럼증을 느낀다면 옥수수를 한번 먹어 보세요.

시발바의 나라, 마야가 궁금해!

마야 문명은 아메리카 대륙에서 발생한 고대 문명 중 하나예요. 멕시코 일대를 중심으로 화려한 전성기를 누렸던 나라지요. 마야 문명이 남긴 문화유산에는 아직 풀리지 않은 비밀들이 있어요. 많은 학자가 그것을 풀기 위해 열심히 연구하고 있답니다.

마야의 도시가 갑자기 사라졌어요!

어느 날 사람들이 약속이라도 한 듯 갑자기 모두 사라지고 도시는 유령 도시가 되었어요. 어떻게 된 일일까요? 그 도시에 살던 사람들은 바로 마야인이었어요. 학자들은 갑자기 유령 도시가 되어 버린 마야의 도시들을 연구했어요. 어떤 이는 큰 가뭄 때문이라고 말했고, 또 다른 이는 옥수수를 키울 땅을 찾아 이동한 것이라고도 했어요. 마야 내부에서 일어난 전쟁이나 스페인 같은 다른 민족의 침략 때문이란 말도 나왔어요. 하지만 모두 가설일 뿐 아직 결정적인 이유는 찾지 못했답니다.

조금 오싹한 풍습! 편두와 인신공양

고대에도 성형이 있었어요. 마야 사람은 아이의 머리를 천이나 끈으로 묶거나 돌 판으로 머리 양옆을 눌러 머리뼈 모양을 길쭉하게 바꾸었어요. 이렇게 머리뼈 모양을 바꾸는 풍습을 편두라고 해요. 마야의 귀족은 어른 아이 할 것 없이 거의 편두를 했어요.

마야의 지도자도 편두를 했어요. 이들은 왜 편두를 고집했을까요? 바로 옥수수 신 때문이에요. 머리뼈를 옥수수처럼 길게 바꿔서라도 옥수수 신을 흉내 내고 싶어 했어요. 한편 마야의 지도자는 제사 같은 의식을 치를 때마다 사람을 제물로 바치는 인신 공양을 했어요.

놀라운 마야 문명들

마야인의 고대 도시에서 1,000가지가 넘는 특이한 모양의 그림 문자들이 발견되었어요. 제일 오래된 기록은 기원전 3세기 것이라고 해요. 그런데 사람들은 도무지 무슨 뜻인지 해독할 수가 없었어요. 지금도 마야인의 문자는 75%만 해석할 수 있어요.

마야의 달력은 지금 우리가 사용하는 달력보다 더 정밀하게 만들어졌다고 해요. 또 마야 문명은 숫자 0의 개념을 이해하고 사용했던 최초의 문명이랍니다.

전사의 신전

마야의 피라미드, 쿠쿨칸 신전

고대 축구 울라마 부조

마야 달력

치첸이트사 공놀이 경기장

엘 카라콜 천문대 유적

마야의 고대 축구 '울라마'

울라마는 고대 마야 사람이 했던 공놀이예요. 고대 축구라고 부르기도 해요. 마야인에게 울라마는 단순한 공놀이가 아니었어요. 태양과 달의 신에게 풍년을 기원하는 제사의 의미였어요. 그들은 울라마를 할 때면 사슴 가죽 옷을 입고 공을 쳤어요. 손을 절대 대지 않고 오직 허벅지와 엉덩이로만 공을 치는 게 규칙이에요. 사람들은 울라마를 위한 경기장을 따로 만들고 선수를 뽑아 따로 연습시켰어요. 울라마의 공을 처음 본 스페인 사람은 통통 튀는 고무공 속에 악마가 들어 있다고 생각해서 한때 울라마를 금지하기도 했답니다.

천문학과 수학의 천재들

마야 사람은 별자리나 숫자에 특히 관심이 많았어요. 그 관심은 천문학과 수학의 발전으로 이어졌지요. 그들은 피라미드의 돌 하나를 쌓을 때도 그냥 쌓지 않고 별자리와 수를 모두 계산했어요.

마야의 대표 피라미드인 엘 카스티요는 쿠쿨칸 신전이라고도 불리는데, 계단이 한 해의 날수와 같은 365개예요. 또 밤과 낮의 길이가 같은 춘분과 추분에는 햇빛을 받은 피라미드에 그림자가 드리우며 뱀이 내려오는 것 같은 모습을 관찰할 수 있어요. 뱀을 숭배했던 마야 사람들이 태양과 피라미드의 각도 등을 정확하게 계산해서 만든 것이죠. 훗날 피라미드를 연구한 학자들은 마야인의 수준 높은 천문학과 수학을 발견하고 놀랐답니다.

마야에서도 특별했던 카카오 열매

초콜릿의 원재료인 카카오는 마야에서도 많은 사랑을 받은 열매였어요. 카카오는 마야 시대 때부터 길렀어요. 마야 사람들은 주로 결혼식이나 장례식 같은 특별한 날이면 카카오에 허브나 향신료, 꿀 등을 넣어 음료로 만들어 먹었어요. 또 신에게 제사를 지낼 때도 카카오 열매를 바쳤어요.

카카오 콩은 돈처럼 물건과 바꿀 수도 있었고, 세금으로 낼 수도 있었어요. 화폐 역할까지 하던 귀한 열매였기 때문에 주로 신분이 높은 사람만 먹을 수 있었어요. 훗날 카카오는 마야 상인을 통해 아스테카 문명으로도 건너갔답니다.

나는야 요리사 ✱치킨 타코

재료

옥수숫가루로 만든 토르티야 여러 장, 닭 안심살, 양상추와 양파(어린이가 먹을 수 있는 채소 모두), 옥수수 통조림 약간, 치즈, 오일, 타코 시즈닝 1숟갈, 소금과 후춧가루 약간

이렇게 도와요!

- 손을 깨끗하게 씻어요.
- 양상추와 양파를 물에 씻어요.
- 토르티야 위에 재료를 얹어요.
- 소금과 후춧가루를 조금만 뿌려요.
- 요리가 끝난 뒤 뒷정리를 도와요.

만들어 봐요!

1. 토르티야와 갖가지 재료를 준비합니다.

2. 닭 안심살은 미리 소금과 후춧가루로 간을 해 두고(30분 정도), 프라이팬에 굽습니다.

3. 양파나 양상추 등 준비한 채소를 잘게 썹니다.

4. 토르티야를 살짝 구워 반으로 접은 뒤, 상추와 다른 채소, 옥수수, 고기를 올려 줍니다.

5. 치즈를 추가로 넣거나 타코 시즈닝을 뿌려 주면 맛있는 타코 완성!

6
잭오랜턴으로 변신하는 달콤한 음식

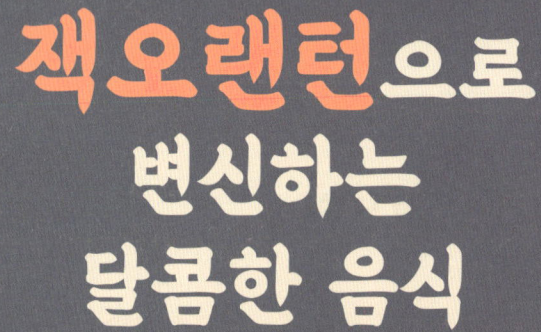

*호박파이와 호박크림수프

미국의 아이들이 가장 좋아하는 날이 언제인 줄 아시나요? 바로 핼러윈 데이예요. 지금 드실 요리와도 관계가 있지요.

자, 지금부터 소개할게요. 미국 요리 **호박파이**와 **호박크림수프**입니다. 모두 핼러윈에 가장 많이 만들어 먹는 음식이죠. 핼러윈은 10월의 마지막 날에 열리는 큰 축제예요. 이날만큼은 아이들도 충치 걱정 없이 사탕이나 초콜릿을 마음껏 즐길 수 있어요. 게다가 유령이나 귀신 분장을 하고 친구들과 이 집 저 집 놀러 다닐 수도 있지요.

호박을 싫어하는 어린이도 핼러윈 축제 때 달콤한 호박파이와 부드러운 호박크림수프만큼은 눈 깜짝할 새에 먹어 치운답니다. 다 먹고 나면 속을 파낸 호박 껍질에 구멍을 내서 핼러윈에 빠질 수 없는 마스코트, 악마도 치를 떨게 했다는 유령 잭오랜턴도 만들 수 있지요!

요괴 사전

호박 유령, 잭오랜턴이 궁금해!

- **이름** : 잭오랜턴
- **국적** : 아일랜드 켈트 민족
- **별명** : 호박 유령, 도깨비불(유럽에서는 윌 오더 위스프 또는 위습이라 부른다.)
- **생김새** : 도깨비불처럼 호박 속 등불이 둥둥 떠 있거나 호박 모양 탈을 쓴 남자의 모습. 오랫동안 떠돌아서인지 외로워 보이고 지쳐 보인다.
- **특징** : 호박 안에 불이 늘 타오르고 있다.
- **활동지** : 미국이나 유럽 등
- **성격** : 사람이었을 때는 아주 지독한 구두쇠에 남에게 절대 인정을 베풀지 않는 성격이었다. 하지만 유령이 되고 나서는 사람을 해치는 포악하고 나쁜 성격은 보이지 않는다.
- **친구 관계** : 친구가 없고, 그나마 말 상대를 해 주던 악마도 치를 떨며 그를 지옥으로 들이려 하지 않았다.
- **좋아하는 것** : 사과 건지기 놀이(잘 익은 사과를 물통에 넣은 뒤, 손을 사용하지 않고 입으로 사과를 물어 건져 올리는 놀이)를 좋아해서 악마와도 이 놀이로 내기를 했다.

악마도 몸서리쳤던 잭, 미국으로 건너오다!

켈트인이라고 들어 본 적 있나요? 켈트인은 고대부터 유럽 아일랜드에 살던 민족이에요. 켈트인에게는 그들만의 종교와 신화, 흥미로운 마법 이야기가 있어요.

켈트인은 해마다 삼하인 축제를 열었어요. 이 축제는 새해와 겨울을 축복하는 날이에요. 켈트인은 11월 1일을 새로운 해의 시작이라 여겼기 때문에 10월 31일에 축제를 열었어요. 이날은 이승과 저승을 잇는 문이 열려 죽은 자와 산 자가 서로 오갈 수 있는 날이기도 해요. 사람들은 저승의 유령이나 요정이 자신과 가족을 해칠까 봐 밤새 횃불을 들고 집 주위를 돌았어요. 또 귀신을 겁주기 위해 해골이나 순무를 사람 머리처럼 조각하고 그 안에 불붙인 갈대를 넣어 주위를 밝혔어요.

그러다 1845년~1852년 '아일랜드 대기근'이라 불리는 큰 흉년이 들자 수백만의 켈트인이 미국으로 건너가 살았어요. 미국에서 그들은 그들만의 축제인 삼하인 축제도 열었지요. 그런데 문제가 하나 있었어요. 미국에서는 축제에 사용할 순무를 구하기가 어려웠어요. 고민 끝에 그들은 순무 대신 구하기 쉬운 호박으로 등불을 만들기로 했어요. 그 등불의 이름이 '잭오랜턴'이에요. 잭오랜턴이라 불리는 호박 등불에도 오래전부터 전해 오는 이야기가 있답니다.

옛날에 잭이라는 남자가 있었어요. 잭은 성질이 고약하고 지독한 구두

쇠였어요. 그런 구두쇠 잭이 좋아하는 게 하나 있었는데, 바로 내기였어요. 그런데 잭은 사람들과 내기를 할 때 항상 속임수를 썼어요. 사람들을 속여 내기에서 항상 이겼지만, 진 사람을 봐주는 법이 없었어요. 잭의 소문은 어느덧 지옥에 있는 악마의 귀에 들어갔어요. 잭의 소문에 호기심이 생긴 악마는 그를 만나러 어느 작은 술집으로 갔어요. 역시나 잭은 악마에게 내기를 걸었지요.

"마지막 남은 이 술 한 잔을 당신이 산다면, 난 내 영혼을 당신

에게 팔겠소!"

악마는 잭을 비웃으며 계산을 하려고 6펜스 동전으로 변신했어요. 그러자 잭은 동전으로 변신한 악마를 재빨리 호주머니에 넣었어요. 마침 호주머니에는 악마가 가장 무서워하는 십자가가 있었고요. 십자가 때문에 악마는 제 모습으로 돌아갈 수 없었어요. 잭은 10년 동안 자신 앞에 나타나지 않는 조건으로 악마를 풀어 주었어요.

그리고 10년 후, 내기에 졌던 악마가 다시 잭을 찾아왔어요. 잭의 영혼을 가져가기 위해서지요. 시골길을 걷고 있는 잭 앞에 악마가 나타나자, 잭은 불쌍한 표정으로 말했어요.

"마지막 부탁이오. 저 나무에 열린 사과 한 입만 먹게 해 주시오."

악마는 그의 간절한 부탁을 들어주기로 하고 사과나무 위로 뛰어올랐어요. 그러자 잭은 얼른 사과나무의 가지를 꺾어 십자가 모양을 만들었어요. 이번에도 악마는 잭이 만든 십자가가 무서워서 나무 아래로 내려올 수 없었어요. 결국 악마는 잭의 영혼을 가져가는 것도 지옥으로 데려가는 것도 포기해야 했어요.

시간이 흐르고 흘러 악마를 물리친 잭에게도 죽음이 찾아왔어요. 하지만 살아생전 사람들을 속이고 나쁜 짓을 많이 한 잭은 천국에 갈 수가 없었지요. 그렇게 이곳저곳 떠돌던 잭은 지옥을 찾아갔어요. 그리고 그곳에서 다시 한번 악마를 만났지요.

"천국은커녕 갈 곳이 없어 늘 정처 없이 떠돌고 있으니 너무 춥고 외롭소. 이젠 돌아다니는 것도 지쳤다오. 날 지옥에라도 들어가게 해 주시오."

잭은 간절히 빌었지만 악마는 그에게 당한 일들이 떠올라 잭을 들이지 않았어요. 잭은 결국 왔던 길로 다시 돌아가야 했어요. 돌아가는 길은 더욱더 깜깜하고 바람도 세찼어요. 잭은 다시 지옥으로 가서 길을 밝힐 등불이라도 달라고 울면서 빌었어요. 그러자 악마는 활활 타오르는 지옥의 불구덩이에서 불씨 하나를 꺼내 잭에게 주었지요. 잭은 세찬 바람에 불이 꺼질까 걱정되었어요. 그래서 늘 가지고 다니던 훔친 순무를 꺼내 속을 파고 불씨를 넣었어요. 그날부터 잭은 순무 등불에 의지해 끝없이 어둠 속에서 헤매게 되었다고 해요.

악마도 몸서리치게 만들었던 잭과 그가 들고 다녔다는 잭오랜턴(Jack-O'-Lantern) 이야기는 핼러윈 무렵마다 많은 사람들의 입에 오르내렸어요. 삼하인 축제가 핼러윈 축제로 자리 잡으면서 이제 사람들은 순무 대신 호박으로 잭오랜턴을 만들어요. 잭오랜턴을 들고 다니면 악령이나 귀신을 쫓을 수 있다고 믿기 때문이지요.

귀신을 쫓는 핼러윈의 상징, 잭오랜턴 만들기는 어렵지 않아요. 잘 익은 늙은 호박과 사인펜, 조각칼, 숟가락, 초만 있으면 돼요. 먼저 잘 익은 호박 꼭지를 중심으로 둥그렇게 칼로 오려 내서 호박 랜턴의 뚜껑을 만들어요. 칼을 사용할 때는 어른의 도움을 꼭 받아요. 그다음 뚜껑을 열어 호박 속을 숟가락으로 잘 파내어 줍니다. 호박에 원하는 얼굴(눈, 코, 입)을 그려 넣고 조각칼로 오려 줍니다. 그리고 마지막으로 호박 안에 초를 넣고 뚜껑을 닫아 주면 잭오랜턴 완성!

수많은 잭 이야기, 어떤 것이 진짜일까?

핼러윈 축제에 빠질 수 없는 잭오랜턴에 얽힌 이야기는 지독한 구두쇠 말고도 여러 가지예요. 과연 어떤 이야기가 있고, 어떤 이야기가 진실일까요?

잭은 구두쇠가 아니라 그냥 장난꾸러기야!

잭은 만나는 사람 누구라도 장난을 쳐야 직성이 풀리는 사람이었어요. 아무리 계급이 높은 사람이어도 말이에요. 그러다 장난을 쳐서는 안 될 높은 분에게 장난을 치다 걸리고 말죠. 그러자 화가 난 높은 분은 당장 잭의 목을 댕강 잘라 버렸어요. 머리가 없어진 잭은 그 이후로 머리 대신 호박을 얹고 다녔다고요! _아일랜드계 미국인 1

악마가 잭에게 준 것은 빛나는 호박 보석이었어요. 잭은 자신이 키우던 순무를 뽑아 구멍을 뚫고, 그 안에 호박 보석을 넣었죠. 그러자 붉게 빛나는 랜턴이 만들어졌고, 잭의 영혼도 그 안에 들어가게 된 거예요. _아일랜드계 미국인 2

잭이 악마에게 받은 것은 불씨가 아니라 빛나는 호박 보석이지!

잭오랜턴의 상징 호박의 비밀

한 끼 식사로 충분한 영양분과 비타민이 한가득!

호박에는 비타민 A, B, C 등 다양한 영양분이 풍부해요. 그래서 2차 세계대전 때 병사들이 많이 찾던 작물 중 하나였어요. 뿐만 아니라 아무 데서나 잘 자라고, 비가 오지 않는 가뭄도 잘 버텨요. 한국에서도 가뭄이 들면 사람들이 많이 찾던 작물이지요. 또 환자가 건강을 되찾는 데 도움을 주기 위해 호박죽을 많이 먹어요.

호박씨는 우리를 똑똑하게 만들어 줘!

호박씨에는 레시틴과 필수 아미노산이 많아요. 레시틴은 기억력을 높이고 집중에 도움을 주는 성분이에요. 또 간을 보호하는 역할을 하는 필수 아미노산이 들어 있어서 피로를 푸는 데 도움을 주지요. 한참 자라야 할 어린이에게도 어르신의 치매 예방에도 좋은 식품이랍니다.

요괴 나라

잭오랜턴의 나라, 미국이 궁금해!

미국은 오랜 영국의 지배에서 벗어나기 위해 1776년 독립을 선언했어요. 200년이 조금 넘는 짧은 역사를 가진 나라예요. 종교의 자유를 찾아 영국에서 건너온 청교도들이 세운 나라지요. 지금은 다른 나라에서 온 다양한 인종과 다양한 문화가 함께하는 나라이고, 세계 최강대국이기도 합니다.

인디언 보호 구역이 있어요!

미국은 여러 나라에서 온 이주민 외에도 원주민이 살고 있어요. 원주민은 유럽인이 아메리카 대륙을 발견하고 미국에 정착하기 이전부터 살던 사람들이에요. 아메리칸인디언이라고 불러요.

한때 미국에 상륙한 이주민은 원주민을 탄압하고 전쟁을 일으키기도 했어요. 하지만 이제는 보호 구역을 지정해 원주민이 자신들만의 전통과 문화를 지키며 살 수 있게 하고 있어요. 미국에는 310개 정도의 인디언 보호 구역이 있고 567개 부족이 살고 있답니다.

부활절 달걀 굴리기

부활절은 십자가에 매달려 죽은 예수가 다시 살아난 것을 기념하는 날이에요. 부활절마다 미국의 아이들은 정원이나 마당에서 국자 모양 채로 달걀을 굴려요. 이는 요셉이 예수의 무덤 앞에서 돌을 굴렸다는 성경 이야기에서 나온 놀이예요. 백악관에선 부활절에 대통령과 아이들이 모여 달걀을 굴려요. 이 행사는 140년째 이어지고 있답니다. 그리고 행사 수익금은 자선 사업에 기부한다고 해요.

미국 식당에선 팁(TIP)이 필수!

미국 식당에서는 밥을 먹고 계산할 때 영수증에 적혀 있는 음식값 외에도 팁을 더 내야 해요. 팁은 식당 안에서 음식을 나르거나 안내해 주는 직원에게 고마움의 표시로 주는 돈이에요. 보통 음식값의 10%~20%를 내는데, 손님이 알아서 내는 경우가 많아요. 가끔은 식당에서 정한 대로 음식값을 계산할 때 내야 하기도 하고요.

미국의 상징 자유의 여신상

미국의 뉴욕주, 리버티섬에는 미국을 상징하는 자유의 여신상이 있어요. 미국이 독립한 지 100주년이 된 것을 축하하는 동상이지요. 그런데 이 동상은 프랑스 국민이 모금 운동을 해서 프랑스의 한 조각가에게 요청해 만들었다고 해요. 어떻게 된 일일까요?

핼러윈 축제

부활절 달걀 굴리기

인디언 보호 구역

팁 문화

봄을 알리는 그라운드호그

프랑스는 미국의 독립을 위해 함께 싸웠고, 그때부터 각별한 우정을 쌓아 왔어요. 동상은 프랑스가 만들고, 동상을 받치고 있는 받침대는 미국이 만들었어요. 자유의 여신상은 자유와 민주주의의 상징이 되어 미국으로 건너온 수많은 이민자에게 새로운 기회와 시작의 꿈을 심어 주었어요. 그리고 1984년에 유네스코 세계문화유산으로 등재되었어요.

신의 가호가 있기를 God bless you!

신의 가호가 있기를! 만약 미국에 가서 재채기하게 된다면 이 소리를 한 번쯤은 꼭 듣게 돼요. 미국 사람은 재채기하면 그 사람의 영혼이 육체를 빠져나간다고 믿어요. 그래서 재채기할 때 악마가 육체를 차지하는 것을 막기 위해 이 말을 한다고 해요.

또 이 말은 유럽에서 썼어요. 흑사병이라고 불리는 전염병 페스트가 유럽에서 유행할 때가 있었어요. 당시 사람들은 기침 소리를 들으면 걱정과 위로의 뜻을 담은 이 말을 상대방에게 인사 대신 건넸다고 합니다.

핼러윈 축제

한국에서도 핼러윈 데이에 분장을 하고 축제를 즐기는 사람들이 점점 늘고 있어요. 핼러윈이 생겨난 미국에서는 축제를 어떻게 즐기고 있을까요?

먼저 호박으로 호박 랜턴을 직접 만들어요. 집을 방문할 아이들에게 줄 초콜릿과 사탕도 준비해야 하지요. 아이들이 "트릭 오어 트릿(trick or treat)!"

을 외치며 집마다 돌아다니는데, "과자(사탕)를 안 주면 장난칠 거예요."란 뜻이에요. 집에 찾아온 아이들에게 순순히 먹을 것을 주지 않으면 아이들은 악동이 돼서 어떤 장난을 칠지 몰라요. 마지막으로 밤에는 다양한 모습으로 변장한 사람들이 거리로 나와 행진을 시작해요. 무시무시한 악마, 좀비, 고블린, 마녀부터 대통령, 연예인, 유명 인사까지 모두 만날 수 있어요.

봄의 시작 그라운드호그 데이

미국에는 그라운드호그라고 불리는 다람쥣과 동물이 살아요. 몸집이 큰 땅다람쥐로 겨울에는 땅굴에서 잠만 자다가 초봄이 오면 굴 밖으로 나와 활동을 해요.

그런데 옛날 시계와 달력이 없던 시절 사람들은 하늘과 동식물의 변화로 계절을 가늠했어요. 독일에서 이민을 온 북미의 농부들도 이 그라운드호그가 굴에서 나와 활동하는 모습을 보고 봄이 언제 올지 점쳤다고 해요. 그라운드호그의 굴이 비어 있으면 겨울이 끝났음을 짐작했어요. 또 굴 밖에 나온 그라운드호그가 자기 그림자를 보고 놀라 다시 굴로 들어가는 모습을 보면 봄이 6주 뒤에 온다고 생각했지요. 그라운드호그는 보통 2월 초에 나타나기 때문에 미국에서는 2월 2일을 그라운드호그 데이로 정해서 그라운드호그와 관련된 행사를 연답니다.

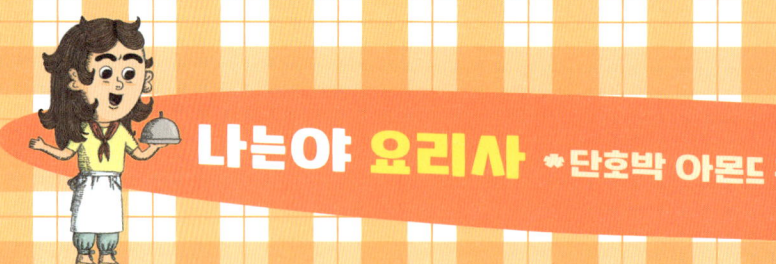

나는야 요리사 ✱단호박 아몬드 구이

재료

단호박 한 통, 꿀, 슬라이스 아몬드

아몬드 슬라이스

이렇게 도와요!

- 단호박을 물에 깨끗하게 씻어요.
- 숟가락으로 단호박씨를 발라요.
- 어른의 지시에 따라 단호박을 전자레인지에 돌려 익혀요.
- 단호박에 꿀과 아몬드를 뿌려 줘요.
- 주방에 남은 음식이나 비닐봉지를 정리해 봐요.

만들어 봐요!

1. 단호박을 잘 씻어 줍니다. (식용 소다나 식초를 사용해도 좋아요.)

2. 단호박을 전자레인지에 5분 익혀 줍니다.

3. 익은 단호박을 잘라 씨를 제거하고, 굽기 좋게 자릅니다.

4. 오븐을 예열하고, 200도에서 18분 정도 구워 줍니다.

5. 오븐에서 단호박을 꺼내어 꿀과 아몬드를 뿌려 주면 완성!

7
도깨비의 마음을 움직인 맛있는 음식

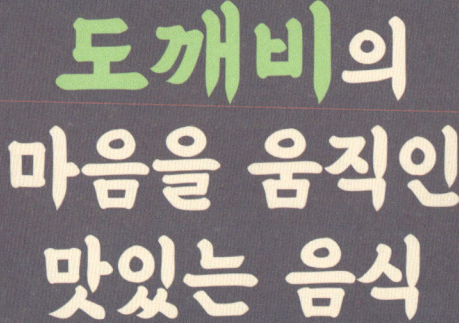

* 메밀묵과 메밀국수

오래 기다리셨습니다. 이번 요리는 바로 한국의 음식 **메밀묵**과 **메밀국수**예요. 묵은 한국에서만 볼 수 있는 요리인데요, 특별한 맛이 느껴지지는 않지만 매끌매끌한 식감이 있는 음식이에요. 메밀묵과 메밀국수 모두 메밀로 만들었어요.

메밀은 5세기~6세기에 들어온 작물이에요. 제주도에는 메밀에 관한 유명한 이야기도 있어요. 여인 자청비가 우여곡절 끝에 하늘에서 농업을 담당하는 신이 되었어요. 자청비는 하늘나라에서 받아 온 '오곡 씨앗'을 가지고 땅에 내려와 심었는데, 그 다섯 가지 곡물 씨앗 중 하나가 바로 메밀이었어요. 메밀은 영양가가 풍부한 작물이에요. 또한 메마르고 거친 땅에서도 잘 자라는 고마운 작물이라 서민이 많이 찾던 먹거리랍니다.

그런데 이번에 드실 요리를 다 먹지 않고 남긴다면 슬퍼할 분이 있어요. 그분은 메밀 요리를 아주 사랑하거든요. 그분에게 있어서 메밀 요리를 남긴다는 것은 상상도 못 할 일이죠.

누구일까요? 바로 도깨비랍니다!

 요괴 사전

금 나와라 뚝딱, 도깨비가 궁금해!

- **이름** : 도깨비
- **별명** : 김 서방, 김 참봉, 김 첨지
- **특징** : 사람 도깨비, 괴인 도깨비, 사물 도깨비 등 다양한 모습으로 나타난다. 도깨비불로도 변신해서 사람을 홀리기도 한다.
- **성격** : 사람에게 장난치는 것을 좋아한다. 순진한 구석이 있어 사람에게 속기도 하지만, 한번 심술이 나거나 화가 나면 불같이 무섭다.
- **사는 곳** : 마을과 멀지 않은 산 고개나 공동묘지, 마을에서 멀지 않은 바다
- **가지고 다니는 것** : 도깨비방망이, 감투, 도깨비 부채
- **좋아하는 것** : 씨름, 메밀묵, 효도하는 사람, 내기
- **싫어하는 것** : 불효자, 말, 말 피
- **특별한 능력** : 몸집이 크고 힘이 세다. 또 시나 글에 관심이 많아 지나가는 사람에게 문제를 내기도 한다.
- **사람과의 관계** : 사람을 좋아해 친해지고 싶어 한다. 하지만 여러 사람이 있을 때보다는 주로 혼자 있을 때 나타나는 편이다.
- **비슷해서 오해받는 요괴들** : 일본의 도깨비 오니, 중국의 귀신 망량, 다리가 하나뿐인 산 귀신 독각귀 등

도깨비 나와라 뚝딱!

한국은 5,000년 오랜 역사를 지닌 나라예요. 고조선에 이어 삼국 시대, 통일신라, 고려, 조선까지 수많은 나라가 역사를 장식해 왔지요. 그런데 이런 오랜 역사만큼 오랫동안 전해 내려오는 요괴가 있어요. 바로 도깨비예요. 고대부터 사람들은 도깨비의 존재를 믿어 왔어요.

도깨비의 모습이나 성격은 제각각이었어요. 어떤 이는 도깨비의 모습이 사람과 비슷하다고 했어요. 또 다른 이는 공중에 둥둥 떠 있는 불을 보고 도깨비불이라고 했어요. 도깨비가 사람들에게 모래를 뿌리거나 솥단지를 엎는 등 심술쟁이에 장난꾸러기라고 말하는 이도 있었어요. 그중 신라 시대부터 전해 오는 유명한 이야기를 들려줄게요.

옛날 옛적 어느 마을에 형 방이와 동생이 살았어요. 방이는 구걸을 할 정도로 가난했지만 심성이 곱고 착했지요. 반면 동생은 부자였지만 욕심이 많았어요. 어느 날 방이가 동생을 찾아갔어요.
"아우야, 염치없지만 씨앗과 누에알을 좀 얻을 수 있을까?"
심술궂은 동생은 간곡한 형의 부탁에 마지못해 씨앗과 누에알을 주었지요. 그런데 그것은 삶은 씨앗과 누에알이었어요. 그것도 모르고 방이는 기뻐하며 씨앗을 심었어요. 그리고 정성스럽게 누에알을 돌봤답니다. 그러자 머지않아 신기하게도 누에알에서도 누에가 나와 무럭무럭 자랐어요. 말도 안 되는 일에 질투가 난 동생은 한걸음에 달려가서

형 몰래 누에를 죽였어요. 또 얼마 후에는 밭에 심은 씨앗이 자라더니 커다란 이삭이 열렸어요. 그런데 어디선가 새가 날아와 그 이삭을 물고 산속으로 날아가 버렸어요. 방이는 바로 새를 쫓아갔지요.

새를 따라간 방이는 숲속에서 붉은색 옷을 입은 신기한 아이들을 만났어요. 아이들은 금방망이를 꺼내서 돌에 두드렸어요. 그러자 말하는 대로 음식이나 물건이 쏟아져 나왔지요.

방이는 그 아이들을 몰래 지켜보다 아이들이 놓고 간 방망이를 집으로 가져왔어요. 그리고 곧 동생보다 훨씬 더 큰 부자가 되었지요.

이 소식을 듣고 동생은 배가 아파 잠을 잘 수가 없었어요. 형이 갔던 숲을 찾아갔지요. 그곳에는 과연 형이 말한 대로 아이들이 있었어요. 아이들은 동생을 보더니 화가 잔뜩 나서 소리쳤어요.

"오호라, 네가 금방망이를 가져간 놈이로구나!"

동생은 금방망이를 훔쳤다는 오해를 사고 아이들에게 잡혔어요. 아이들은 동생의 코를 코끼리처럼 길게 뽑아 버렸답니다.

도깨비는 사람들에게 복을 주기도 하고 벌을 주기도 했어요. 이에 많은 이들이 도깨비에게 제사를 지내거나 소원을 빌었지요. 그때마다 빠지지 않던 음식이 바로 메밀묵이에요. 도깨비는 자다가도 벌떡 일어날 만큼 메밀묵을 좋아했답니다.

뿔 난 도깨비, 한국 도깨비가 맞을까?

〈혹부리 영감〉이야기를 아시나요? 도깨비가 마음씨 착한 혹부리 영감의 혹을 떼어 주고 그 혹을 나쁜 혹부리 영감에게 붙인 이야기예요. 그런데 얼마 전 여러분이 잘 아는 〈혹부리 영감〉 속 뿔 달린 도깨비가 사실은 일본에서 건너온 오니라는 사실이 밝혀졌어요. 이를 두고 학자들의 의견이 나뉘었지요. 과연 뿔 난 도깨비는 한국 도깨비가 맞을까요?

한국 전통 도깨비는 원래 뿔이 없어!

도깨비는 옛날부터 사람, 짐승, 혹은 다양한 물건 등 여러 모습으로 사람들 앞에 나타났어요. 그런데 우리가 흔히 알고 있는 뿔이 있고 사나운 인간 모습의 도깨비는 한국 전통 도깨비가 아니에요. 그것은 일본의 오니라는 요괴의 모습이지요. 한국 전통 도깨비는 사람과 거의 비슷한 모습이에요. 옷도 하얀 옷을 입었지요. 그러다 보니 사람들이 도깨비를 사람으로 착각해서 김 첨지, 김 영감이라 부르

기도 했어요. _도깨비 박사

    전 뿔이 있는 도깨비를 무조건 오니라고 생각하지는 않습니다. 옛날 한국 문물에도 뿔이 달린 사람의 모습이 등장하기도 했거든요. 그중 하나가 신라 시대에 만들어진 도깨비기와예요. 귀면와라고 부르지요. 옛날 신라 사람들은 화재나 귀신, 병균을 쫓기 위해 기와에 용이나 무서운 귀물을 그려 넣었어요. 그런데 기와에 그려진 뿔이 달린 형상이 바로 도깨비라고 알려져 있지요. 또 조선 시대에 여러 요괴를 그린 〈해상명부도〉라는 그림에는 도깨비라고 생각되는 뿔이 달린 사람 모습의 요괴가 나와요. 그래서 뿔이 있는 도깨비도 한국 전통 도깨비라고 생각합니다. _도깨비 문화 연구가

뿔이 있는 도깨비도 분명 있다고!

ⓒ 국립민속박물관 소장

도깨비 마음을 움직인 메밀의 비밀

메밀에는 단백질이 풍부해요

메밀에는 다른 곡물보다 단백질이 풍부하게 들어 있어요. 특히 단백질 중 우리 몸에 꼭 필요한 필수 아미노산이 많아서 영양학적으로 우수한 음식이지요. 또 열량이 낮아 다이어트 음식으로 먹기도 해요. 메밀은 소화가 잘되기 때문에 예부터 메밀가루로 면이나 묵 등 다양한 음식을 만들어 먹었어요.

껍질까지 버릴 게 하나 없어요!

옛날부터 사람들은 메밀껍질로 베개를 많이 만들어 사용했어요. 메밀은 찬 성질을 가지고 있거든요. 베갯속 메밀껍질은 머리 위로 올라온 열을 빨리 식혀 줘요. 그래서 땀을 많이 흘리는 갓난아기나 어른은 오래전부터 메밀 베개를 사용해 왔어요.

도깨비의 나라, 대한민국이 궁금해!

대한민국, 한국은 아시아의 동쪽에 자리 잡고 있어요. 한반도라고도 하는데 삼면이 바다로 둘러싸이고, 한 면은 육지로 이어진 땅을 뜻해요. 대륙과 바다를 잇는 위치에 있어서 오래전부터 이웃 나라인 중국, 일본과 활발한 문화 교류가 있었어요. 그 가운데 한국만의 독특한 문화도 발전시켰답니다.

추운 겨울을 이겨 낸 한국의 난방 장치, 온돌

온돌은 아궁이에 불을 피워 그 열기로 구들장을 데워서 방바닥을 따뜻하게 만드는 한국 고유의 난방 장치예요. 전통식의 온돌을 구들이라고도 불러요. 한국에선 온돌을 철기 시대부터 사용해 왔어요. 온돌을 사용하면서 사람들은 자연스럽게 바닥에 앉아서 생활했지요. 온돌 장치에 설치한 굴뚝은 서양에서 사용하는 벽난로 굴뚝보다 1,000년이나 앞섰다고 해요. 서양의 벽난로는 불을 땔 때만 따뜻하지만 온돌은 한번 불을 때면 온종일 따뜻해요. 일본, 미국 등 한국을 방문했던 외국인은 온돌을 보고 감탄했는데, 그중 미국의 한 건축가는 온돌을 보고 미국으로 돌아가 온돌식 난방을 개발하기도 했어요.

자랑스러운 문자, 한글

한글은 1443년 조선 시대의 세종대왕이 집현전의 학자들과 만든 문자예요. 당시 글을 모르던 백성을 위해 만든 문자지요. 또 세계 여러 글자 가운데 만든 이와 만든 원리가 정확하게 알려진 유일한 문자예요. 유네스코는 1997년 10월 훈민정음을 세계기록유산에 등재했어요. 그리고 글자를 모르는 사람들에게 글자를 알리고 교육한 단체를 뽑아 '세종대왕상'을 주고 있어요. 인도네시아의 소수 민족인 찌아찌아족은 말은 있지만 글이 없었어요. 그래서 찌아찌아 말을 기록할 문자로 한글을 정식으로 택해 사용하고 있지요. 최근에는 한류 열풍으로 한글에 더 많은 관심이 쏟아지고 있어요.

왜 한국을 백의민족이라 부를까?

백의민족은 옛날 다른 나라에서 한민족, 즉 한국을 부를 때 쓰는 말이었어요. 한국 조상은 흰옷을 즐겨 입었어요. 그러던 중 19세기에 많은 외국인이 조선을 방문했는데, 그들은 남녀노소 할 것 없이 흰옷을 입은 조선 사람들을 보고 충격을 받기도 했어요. 그런데 왜 그렇게 흰옷만 입었을까요? 아주 오래전부터 한국 민족은 흰색을 매우 신성하게 여기고 좋아했어요. 일제 강점기에도 검은색 옷을 권하는 일본에 맞서 더욱 흰옷을 고집하기도 했어요. 그래서 그 시대에 흰옷은 항일의 상징이 되기도 했지요.

장례식, 가문의 제사, 삼일절, 광복절 등의 기념행사에 흰 한복을 입기도 하지만, 기성복이 발달한 지금은 찾아보기 힘들어졌어요.

발효의 과학 메주

한국을 방문한 외국인이 보고 깜짝 놀란 음식이 몇 가지 있어요. 그중 하나가 메주예요. 메주는 한국 전통 발효 식품 중 하나예요. 메주콩을 삶아서 으깬 다음 덩어리로 만들어 건조하고 오래 묵히면 메주가 돼요. 완성된 메주로 간장이나 된장을 담글 때 써요. 메주를 처음 본 외국인은 메주에 핀 곰팡이를 보고 놀랐대요. 사실 곰팡이가 많이 필수록 음식의 맛은 더 좋다고 합니다.

아이의 미래를 점치는 풍습, 돌잡이

한국에서는 옛날부터 아이가 태어나고 1년이 되면 크게 잔치를 열어 주었어요. 그것을 돌잔치라고 해요. '돌'은 1년 혹은 아이의 첫 번째 생일을 뜻해요. 옛날에는 의료 기술이 발달하지 않아 태어난 지 얼마 안 된 아이들이 죽는 경우가 많았어요. 그래서 1년을 무사히 잘 자랐음을 축복하고 앞으로도 잘 살 것을 기원하는 뜻에서 잔치를 열었어요.

돌잔치엔 가족, 친지 등을 불러 아이의 생일을 축하하고 돌잡이도 해요. 돌잡이는 생일을 맞은 아이가 하는 특별한 행사예요. 먼저 돌상 위에 실이나 붓, 돈, 국수, 활 등을 올려놓아요. 그다음 아이에게 마음대로 골라잡게 해요. 그런 뒤 아이가 잡은 물건으로 아이의 미래를 점쳐 보는 거예요. 만약 아이가 실을 잡으면 오래오래 건강하게 잘 산다고 여겼고, 아이가 붓을 잡으면 학자가, 돈을 잡으면 사업가가 된다고 생각했어요.

* 세종대왕

* 인도네시아 찌아찌아족이 사용하는 한글

* 흰옷을 즐겨 입어 백의민족

굴뚝
구들장
아궁이
난방 장치 온돌
발효 과학 메주
돌잡이

나는야 요리사 ★돼지고기 메밀전병

재료

메밀가루 2컵, 다진 돼지고기, 신 김치, 잘게 썬 당면, 후춧가루, 참기름, 어린이가 좋아하는 채소 한 종류

이렇게 도와요!

- 물과 메밀가루를 잘 저어 줘요.
- 삶은 당면을 잘게 썰어 줍니다. 위험하지 않은 어린이용 칼을 이용해요.
- 후춧가루를 약간 뿌려요.
- 참기름을 골고루 뿌려요.
- 요리가 끝난 뒤 뒷정리를 도와요.

만들어 봐요!

1. 메밀가루와 물을 각각 2컵씩 넣고 잘 섞어 메밀 반죽을 만듭니다.

2. 볶은 돼지고기, 삶은 당면 잘게 썬 것, 신 김치, 채소를 다져서 잘 섞습니다.

3. 섞은 속 재료에 후춧가루와 참기름을 살짝 넣어 줍니다.

4. 메밀 반죽을 프라이팬에 덜어 얇게 펴서 익힙니다.

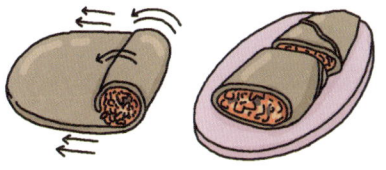

5. 익힌 메밀전병 위에 속 재료를 넣고 돌돌 만 뒤, 터지지 않게 칼로 잘라 맛있게 먹으면 끝!

8

산타클로스도 해마다 찾는 건강한 음식

*리시푸로

손님, 주문하신 **리시푸로** 나왔습니다. 뜨거우니 천천히 후후 불어 드세요. 리시푸로는 한 입 먹으면 쌩쌩 부는 겨울바람도 견딜 수 있는 쌀죽이에요. 핀란드 음식이죠. 핀란드는 유럽 북부 스칸디나비아반도에 있으며 북극과 가까운 나라예요. 1년 중 반 이상이 겨울이라 쌀농사를 지을 수 없어 쌀이 귀하지요. 그래서 특별한 날에만 귀한 쌀로 요리를 해요. 바로 크리스마스 같은 날이요. 크리스마스 전날 저녁에는 가족과 친척이 모여 함께 리시푸로를 즐겨요. 핀란드 사람들은 리시푸로를 먹다 껍질이 벗겨진 통 아몬드가 나오면 행운이 온다고 믿었어요.

만드는 법도 간단해요. 쌀과 약간의 시나몬 가루, 설탕 그리고 이것만 있으면 돼요. 바로 우유예요. 우유는 영양이 풍부하죠. 핀란드에선 크리스마스 전날 저녁 리시푸로 한 그릇을 꼭 창가나 한적한 곳에 둔다고 해요. 크리스마스에 가장 바쁜 이분에 대한 감사의 표시로요. 그분도 우유로 만든 쌀죽을 정말 좋아하거든요. 바로 매년 겨울 모두를 설레게 하는 산타클로스 할아버지예요!

크리스마스의 상징, 산타클로스가 궁금해!

- **국적** : 핀란드
- **핀란드 이름** : 요울루푸키(크리스마스 염소라는 뜻)
- **사는 곳** : 핀란드의 로바니에미에 있는 코르바툰투리 산속
- **생김새** : 빨간 옷과 빨간 모자, 길고 하얀 수염이 있는 할아버지
- **가족 관계** : 클로스 부인, 순록들(루돌프는 사실 사슴이 아니라 순록이다.)
- **좋아하는 노래** : 캐럴
- **이동 수단** : 썰매
- **하는 일** : 착한 아이에게 줄 선물을 만들고 크리스마스 전날에 찾아가서 선물을 준다.
- **주소** : Santa Claus, Santa Claus's Main Post Office, 96930 Napapiiri, Finland
  이 주소로 산타클로스에게 편지를 보내면 할아버지가 답장을 할 수도 있다.

핀란드에 진짜 산타가 산다고?

핀란드 로바니에미의 동북쪽에는 커다란 귀 모양의 높은 산이 있어요. 이름은 코르바툰투리예요. '귀의 산'이란 뜻이지요. 사람들은 이 산에 신비한 정령이 여럿 살고 있다고 믿었어요. 그리고 그곳엔 '요울루푸키'라는 남자도 살았어요. 그는 마을의 축제가 있는 날이면 산에서 내려왔는데, 늘 빨간 바지에 뿔 달린 염소 가죽을 뒤집어쓰고 나타났어요. 그리고 이 집 저 집 문을 두드리며 먹을 것을 달라고 했지요. 간혹 이상한 염소 탈을 쓴 그를 보고 아이들이 놀라 도망치기도 했어요. 하지만 그는 아이들을 달래기는커녕 오히려 겁을 주었답니다.

그런 그가 언젠가부터 크리스마스 전날이 되면 착한 일을 한 아이를 기쁘게 할 선물을 잔뜩 가지고 마을에 나타났어요. 그는 무슨 소리든 다 들려오는 신비한 '귀의 산'에 살고 있어서 평소 아이들의 소원이나 울음소리, 말소리를 다 들을 수 있었지요. 그는 집마다 문을 두드리며 이렇게 물었어요.

"혹시 여기 착한 어린이가 살고 있나요?"

핀란드 아이들은 착한 일을 하면 염소 탈을 쓴 요울루푸키가 크리스마스에 선물을 준다고 믿었어요.

한편 터키 남부 지역의 작은 마을에 니콜라스라는 주교가 살았어요. 그는 부모님이 돌아가시고 물려받은 재산을 모두 가난한 사람에게 나누어 줄 정도로 착했지요. 가난한 사람을 만나면 몰래 그 사람의 신발에 은전을 넣어 두고 갔어요. 그 때문에 사람들이 신발을 벗어 집 밖에 두는 습관이 생겼지요.

하루는 그가 세 딸을 둔 어떤 가난한 이를 알게 되었어요. 그 딸들은 모두 너무 가난해서 결혼할 수가 없었어요. 당시에는 돈이 없으면 결혼도 못 했어요. 주교는 그 사실을 알고 그 집을 돕기로 했어요. 주기적으로 밤이 되면 몰래 그 집의 굴뚝을 타고 내려가 돈이 든 주머니를 던져 주었지요. 세 딸을 둔 아빠는 돈주머니 덕분에 매년 한 명씩 딸들을 결혼시킬 수 있었어요. 이렇게 주교는 평생 배고프고 가난한 사람들과 아이들을 도와주었어요.

훗날 사람들은 그를 '성 니콜라우스'로 부르고 그가 태어난 날에는 도움이 필요한 이들의 집에 찾아가 선물을 주기 시작했어요. 그의 이야기는 유럽에 널리 퍼졌고 모두 그를 성인으로 칭송하며 그를 따라 자선을 베풀었어요. 나라마다 조금씩 그를 부르는 이름이 달랐는데, 네덜란드 사람들은 신터클라스(Sinterklaas)라고 불렀어요. 그러다 미국으로 건너간 네덜란드 사람들에 의해 신터클라스라는 발음이 미국에 퍼지면서 지금 우리가 알고 있는 산타클로스가 되었답니다.

북유럽의 핀란드에도 성인의 이야기가 퍼졌어요. 이미 있던 요울루푸키 전설에 성 니콜라우스 이야기가 더해졌어요. 아이들을 겁주던 염소 가죽을 뒤집어쓴 사나이는 어느새 마음씨 착한 산타 할아버지가 되었어요.

그렇다면 핀란드에 산타 마을이 생기고 전설의 산타클로스가 그곳에 살게 된 건 언제부터였을까요? 2차 세계대전이 일어나고 요울루푸키의 고향인 로바니에미는 전쟁으로 쑥대밭이 되었어요. 전쟁은 끝났지만 폐허가 된

마을에는 희망이 없어 보였지요. 그러던 중 1950년 미국 루스벨트 전 대통령의 부인 엘리너 여사가 핀란드의 로바니에미에 산타클로스가 진짜 산다는 이야기를 라디오에서 우연히 듣게 되었어요. 궁금증이 생긴 그녀는 곧바로 로바니에미를 방문했고, 사람들은 그녀를 위해 진짜 산타가 살고 있을 법한 작은 오두막을 지었어요.

"핀란드에는 진짜 산타가 사는 오두막이 있어!"

이때부터 진짜 산타가 산다는 오두막 이야기가 널리 퍼져 꼭 한번 보고 싶어 하는 사람들이 늘어났어요. 그러자 핀란드는 아예 로바니에미에 산타 마을을 지었어요. 지금 산타 마을에는 전 세계 아이들의 편지를 받는 산타 우체국, 산타를 만나서 이야기를 나눌 수 있는 산타클로스 사무실도 있어요. 산타 우체국에 편지를 쓰면 답장도 받을 수 있고 사무실에선 산타를 만나 궁금한 것을 물어볼 수도 있어요. 또 산타 할아버지가 끄는 순록 썰매를 직접 탈 수 있지요.

해마다 착한 아이의 집에 선물을 놓고 간다는 산타클로스 이야기는 이제 모르는 사람이 없을 정도로 널리 알려지게 되었어요. 전 세계 아이들과 부모들은 12월 24일 밤엔 선물을 받을 양말과 함께 우유나 쿠키 같은 간식을 준비해요. 밤새 선물을 돌리느라 피곤할 산타를 위해서지요. 핀란드의 산타 마을에서는 산타클로스가 즐긴다는 우유와 핀란드 음식인 리시푸로를 직접 맛볼 수 있답니다.

* 로바니에미 산타 마을 풍경

산타클로스는 나라마다 똑같은 모습일까?

NO, 다 달라요!

오늘날 널리 알려진 산타클로스의 모습은 풍만한 체형에 하얀 수염을 기르고 빨간 옷을 입은 할아버지예요. 미국에서 루이스 프랭이라는 인쇄업자가 빨간 옷을 입은 산타클로스가 인쇄된 크리스마스카드를 대량으로 찍었는데, 그 카드가 널리 퍼지면서 이미지가 굳어졌어요. 게다가 1931년에는 코카콜라 광고의 모델이 되면서 더 많이 알려졌지요. 하지만 각 나라마다 다양한 산타클로스 요정이 있어요. 모습은 조금씩 달라도 하는 일은 같답니다.

덴마크에서는 요정 '니세'가 산타클로스를 대신해요. 니세는 사람과 친하고 농장이나 집을 대신 관리해 주는 작고 귀여운 요정이에요. 산타클로스처럼 붉은 고깔모자를 쓰고 크리스마스가 되면 사람들에게 선물을 주지요. 스웨덴에서는 니세를 '톰테'라고 부른답니다.

그런가 하면 이탈리아에는 할머니 마녀 '베파나'가 있어요. 빗자루를 타고 날아다니다가 굴뚝을 통해 집으로 내려가요. 착한 아이에게는 선물을 주고, 나쁜 아이에게는 석탄을 준다고 해요. 아이슬란드에는 '율라드'라고 불리는 산타 요정이 13명이나 있어요. 작은 몸집에 다양한 모습을 하고 있는데, 대부분 장난꾸러기 같기도 하고 심술궂어 보이기도 해요. 산속에 숨어 있다가 하루씩 날을 정해 크리스마스 전까지 마을을 돌며 선물을 나눠 준답니다.

러시아에서는 산타클로스 모습과 아주 비슷한 산타 할아버지 요정이 있어요. 이름은 '데드 마로스'예요. 늘 손녀딸인 스네구로치카(눈으로 만든 소녀)를 데리고 다니면서 크리스마스가 되면 사람들에게 선물을 줘요. 데드 마로스는 파란 옷을 입고 세 마리의 말이 끄는 썰매를 타고 다녀요. 착한 아이에겐 선물을 주지만 나쁜 아이는 얼려 버릴 수도 있어요.

산타클로스의 피로를 풀어 준 우유의 비밀

온종일 뛰어놀아 피곤하다면 우유를 마셔요

하루 종일 달렸거나 줄넘기를 너무 많이 해서 다리가 아프나요? 우유를 마셔 봐요. 우유가 아픈 다리를 빨리 낫게 해 줄 거예요. 근육을 무리해서 쓰면 근육에서 젖산이라는 물질이 나오는데, 우유 속 비타민이 젖산이 많이 나오는 것을 막아 준다고 해요. 또 우유의 카세인 성분은 손상된 근육 세포를 빨리 낫게 도와준답니다.

감기에 걸리거나 잠이 잘 오지 않는 밤엔 따뜻한 우유 한 잔!

우유에는 긴장한 마음을 풀어 주고 편안하게 해 주는 트립토판이라는 성분이 많아요. 또 칼슘이 많이 들었는데, 칼슘은 깊은 잠을 자는 데 도움을 줘요. 잠을 잘 자면 감기를 물리칠 수 있는 면역력도 높아진답니다.

요괴 나라

산타클로스의 나라, 핀란드가 궁금해!

산타클로스 때문에 핀란드와 그린란드가 싸웠다고?

한때 크리스마스가 돌아오면 핀란드와 그린란드가 산타클로스를 두고 다투었어요. 두 나라 모두 산타클로스의 진짜 국적은 자기 나라라고 우겼어요. 그린란드에서는 "산타가 핀란드어를 말하기엔 핀란드어가 너무 어렵지 않아요? 산타는 북극 출신이에요."라고 말해요. 그러면 핀란드는 그린란드에는 산타의 썰매를 끌 순록이 살지 않는다면서 반박했어요. 산타클로스의 국적이 왜 이렇게 중요했을까요? 바로 관광 산업 때문이에요. 두 나라 모두 추운 날씨 때문에 공업이 발달하지 못했어요. 그러다 보니 산타클로스를 이용한 관광 산업 개발은 나라 경제를 위해서 꼭 필요한 일이었어요.

요정의 천국 핀란드 숲

핀란드에는 다양한 요정 이야기가 전해 내려오고 있어요. 핀란드 사람들은 자작나무 숲 깊은 곳에 들어가면 엘프를 볼 수 있고, 톤투라는 요정이 산타클로스의 조수로 선물을 나른다고 생각해요. 또 농가나 사우나 등 특정 장소를 지키며 사는 요정도 있다고 믿어요. 그 외에도 핀란드에서 만들어진

무민이나 앵그리버드 등 다양한 요정 캐릭터는 지금까지도 많은 이들의 사랑을 받고 있답니다.

이웃 간에 서로 돕는 전통 탈콧(Talkoot)

옛날부터 핀란드 사람은 농사를 지으면서 일손이 부족할 때 이웃끼리 서로 도왔어요. 그런데 이웃을 도울 때는 주의할 점이 있어요. 꼭 스스로 나서서 도와야 하고 절대 도와준 대가를 바라면 안 돼요. 또 도움을 받은 사람도 감사의 표시를 꼭 해야 하는 건 아니에요. 대신 일을 함께한 후 모두 모여서 식사하거나 사우나를 즐겨요. '우리는 하나'라는 생각이 저절로 들도록 말이에요. 핀란드에서는 이러한 문화를 '탈콧'이라고 불러요.

추위도 날려 버리는 핀란드 사우나

사우나는 핀란드의 옛말로 '연기'라는 뜻이에요. 옛날에는 장작으로 불을 때서 나오는 연기로 사우나를 했어요. 1900년대 초까지만 해도 핀란드 시골에서는 사우나에서 아이를 낳기도 했어요. 병원이 많지 않던 시절, 추운 날씨에 아이를 낳을 수 있는 따뜻한 장소였기 때문이에요. 장례식을 치르기 전에 시신을 씻기도 했어요. 핀란드 사람들은 태어난 후 5개월부터는 열흘에 한 번씩 사우나를 해요. 공중목욕탕에도 사우나가 있지만 대부분 집에도 있어요. 햇빛이 적고 추운 날씨를 견디기 위해 사우나를 하는 풍습이 생겨났어요. '사우나나 술로 치료가 되지 않으면 그 병은 불치병이다'라는 속담이 있을 정도로 사우나는 핀란드 사람의 건강을 책임지고 있답니다.

신비로운 자연 현상, 백야와 오로라

백야는 여름에 밤하늘이 낮처럼 밝은 자연 현상을 말해요. 핀란드에서는 백야를 볼 수 있어요. 핀란드 라플란드 북부 지방에서는 최대 70일까지 환한 밤이 나타나요. 이 때문에 핀란드를 한밤의 태양의 나라라고도 불러요. 겨울에 햇빛을 거의 볼 수 없는 핀란드 사람들은 백야 기간 동안 밖에 나와 맘껏 볕을 쬐요.

오로라는 극지방에서 볼 수 있는 신기한 빛이에요. 핀란드 수도 헬싱키에서는 겨울철 자정부터 새벽 1시 사이에 오로라를 볼 수 있어요.

잠꾸러기의 날이 있다고?

잠이 너무 많다고 핀잔을 들은 적이 있나요? 핀란드의 잠꾸러기 어린이들은 이날만큼은 어깨를 당당히 펼 수 있어요. 7월 27일은 바로 잠꾸러기의 날이에요.

옛날 로마 시대에 교회와 기독교인을 지독히 못살게 굴던 데키우스 황제가 있었어요. 이때 황제의 괴롭힘을 피해 동굴로 숨은 기독교 성자 7명이 있었지요. 이들은 동굴 안에 갇혀 깊은 잠에 빠졌는데, 200년 후에나 깨어났다고 해요. 깨어나 동굴 밖으로 나왔을 때는 이미 다른 세상이 되어 있었어요. 이 이야기를 '7명의 잠자는 사람들의 전설'이라고 불러요. 잠꾸러기의

*말편자 점

*무민월드

*오로라

날은 성인들이 기적처럼 긴 잠에서 깨어난 것을 기념하는 날이에요. 핀란드에서는 이날 가족 중 가장 늦게 일어난 사람을 데려다 바다나 강에 빠뜨리거나 물벼락을 안기기도 해요. 그리고 이렇게 말해요.

"오늘은 행복한 잠꾸러기의 날!"

새해에 말편자로 행운을 점쳐요!

핀란드에서는 새해를 맞이하는 특별한 행사가 있어요. 새해 전날 밤 밖에 나가서 불꽃놀이를 하기도 하고, 말편자 점을 보기도 해요. 말편자 점은 주석이라는 금속으로 만든 작은 말편자로 한 해의 운이 어떨지 점치는 거예요. 먼저 주석으로 된 말편자를 국자에 넣고 뜨거운 불에 녹여요. 그리고 녹은 주석을 찬물에 떨어뜨리지요. 찬물에서 식은 주석을 꺼내 불빛을 비춰 벽에 그림자가 생기도록 해요. 핀란드 사람들은 그림자의 모양에 따라 한 해의 운이 달라진다고 믿고 있어요. 만약 그림자 모양이 배 모양이면 여행할 운이고, 동전 모양이면 재물을 모을 수 있다고 해요.

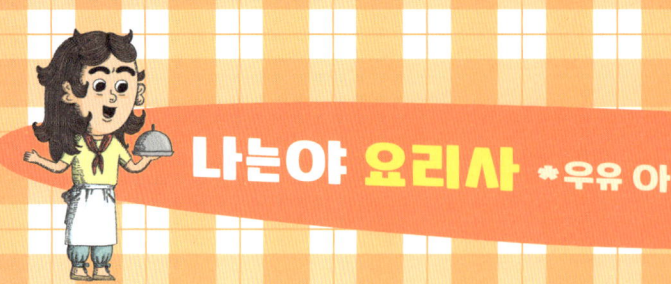

나는야 요리사 ※우유 아이스크림

재료

우유 200mL, 굵은 소금, 설탕, 얼음, 얼음을 담을 큰 그릇, 우유를 담을 조금 작은 그릇, 거품기, 취향에 따라 블루베리나 딸기 등의 과일 혹은 견과류

이렇게 도와요!

- 얼음 틀에 물을 넣어 미리 얼려 둬요.
- 소금과 설탕을 직접 뿌려요.
  (어른이 양을 미리 맞춰 줘요.)
- 거품기로 저어 봐요.
- 주방에 남은 재료와 쓰레기 등을 정리해 봐요.

만들어 봐요!

1. 큰 그릇에 준비한 얼음을 넣고 굵은 소금을 뿌립니다.

2. 얼음 위에 작은 그릇을 올리고 우유를 천천히 붓습니다.

3. 기호에 따라 설탕을 넣고 우유가 얼어 아이스크림이 될 때까지 거품기나 수저로 젓습니다.

4. 완성된 아이스크림을 그릇에 담은 뒤, 준비한 과일이나 견과류를 얹어 줍니다.

9
요정 브라우니를 사로잡은 고마운 음식

* 브라우니

이번에 드실 음식은 영국 요리 브라우니입니다! 브라우니는 다른 케이크와는 조금 달라요. 색깔도 갈색에 단순한 네모 모양이죠. 하지만 한번 맛을 보면 반할 거예요. 안에 초콜릿이 가득 들었고 식감이 쫀득쫀득해요. 게다가 빵 안에는 땅콩이나 아몬드 같은 고소한 견과류가 들어서 영양도 챙길 수 있어요. 갓 구워 낸 빵도 맛있지만 식어도 맛있어요.

지금은 미국 등 많은 나라에서 사랑받고 있지만 원래 브라우니는 영국의 디저트(식사를 마치고 입가심으로 따로 먹는 음식.) 요리에서 출발한 음식이에요.

브라우니라는 이름은 붙여진 지 얼마 되지 않았어요. 한 미국 요리사가 자신의 책에 이 케이크 이름을 브라우니라고 적으면서 그렇게 부르기 시작했거든요. 그런데 영국에는 이 음식과 이름이 똑같은 요정이 있다고 해요. 작은 체구에 부지런하고 집안일도 잘 도와주는 기특한 요정이지요. 브라우니 요정은 집안일을 돕는 대신 빵과 우유 한 잔을 얻어먹었대요.

요괴 사전

쓱싹쓱싹
브라우니가 궁금해!

- **국적** : 영국
- **사는 곳** : 마을 사람들의 집
- **활동 시간** : 모두 잠든 깜깜한 밤
- **사람과의 관계** : 사람을 좋아하고 잘 대해 주려 한다.
- **싫어하는 것** : 지저분한 것들
- **초능력** : 벌 떼를 모으는 능력이 있다.
- **키** : 1m
- **몸무게** : 20~30kg
- **등장했던 곳** : 소설 《해리 포터》 시리즈에 나오는 집 요정이 브라우니와 같은 계열이다.

빵 한 조각이면 착한 집 청소 요정이 되는 브라우니

아주 오래전부터 영국인은 밤을 무서워했어요. 왜냐하면 밤에는 불이 없으면 아무것도 보이지 않을뿐더러 알 수 없는 짐승의 이상한 울음소리가 들리기도 했거든요. 이웃 나라가 섬나라인 영국을 침략하는 시간도 주로 밤이었어요. 혜성이나 유성처럼 설명할 수 없는 것들이 하늘에서 종종 떨어지기도 하고 열병이나 감기 같은 병에 걸린 사람들이 더 위독해지는 시간도 밤이었어요. 사람들은 이러한 안 좋은 현상들을 설명해 줄 무언가가 필요했어요. 요정이나 유령 같은 거 말이에요. 영국의 많은 요정 이야기는 이렇게 시작되었답니다.

영국 마을 구석구석 다양한 요정 이야기가 전해 내려오는데, 대부분의 요정은 사람을 홀리거나 아이를 데려가는 등 해를 끼치는 나쁜 요정이었어요. 하지만 그중에는 사람에게 친근하고 사람의 일을 도맡아서 해 주는 착한 요정도 있었어요. 바로 브라우니 같은 요정 말이에요. 영국에서 전해 내려오는 옛이야기 속 브라우니 요정은 아직도 많은 아이들을 설레게 한답니다. 그중 하나를 들려줄게요.

옛날 옛적에 파르치에라는 장난꾸러기 남자아이가 살았어요. 아빠는 돌아가시고 엄마와 단둘이 외딴 오두막에 살았지요. 집은 낡고 가난했지만 둘은 행복했어요. 파르치에는 매일 밤 엄마가 들려주는 옛날이야기를 들으며 잠들었어요.

"엄마, 오늘도 브라우니 요정이 오나요?"

부엌에 먹을거리를 챙겨 놓는 엄마를 보며 파르치에가 물었어요. 파르치에와 엄마는 매일 밤 음식을 부엌에 준비해 두었어요. 그럼 이튿날 아침, 빈 그릇만 남고 집 안 구석구석 깨끗하게 청소가 되어 있었어요.

"그럼, 물론이지. 파르치에, 이제 이야기도 끝났는데 어서 자야지. 지금 안 자면 무서운 요정 할멈이 나타나 널 데려갈 수도 있어!"

파르치에가 잠을 자지 않겠다고 고집을 부릴 때면 엄마는 무서운 요정 할멈 이야기를 꺼냈어요. 요정 할멈은 브라우니 요정의 엄마이기도 했어요.

"흥, 누가 무서워할 줄 알고?"

파르치에는 일부러 더 잠을 자지 않았어요.

어느덧 벽난로의 불길이 점점 사그라지고 주위가 싸늘했어요. 잠시 후 벽난로 안에서 이상한 소리가 나기 시작했어요. 파르치에는 벽난로를 쳐다보다 깜짝 놀랐어요. 벽난로에서 나타난 것은 바로 브라우니 요정이었어요. 파르치에는 너무 놀라 꼼짝할 수 없었어요. 놀라기는 브라우니도 마찬가지였어요.

"네 이름이 뭐니?"

"내 이름은 나야. 네 이름은 뭐니?"

작은 브라우니는 장난 가득한 얼굴로 대답했어요. 파르치에는 브라우니가 장난을 하고 있다는 것을 알아차렸어요.

"내 이름도 나야."

파르치에도 브라우니처럼 대답했어요.

어느새 둘은 친구가 되어 신나게 놀았어요. 그러다 벽난로에 남아 있던 불씨가 브라우니의 발에 튀었어요. 브라우니는 작고 앙상한 발을 움켜쥐고 소리를 지르며 엉엉 울었어요. 그러자 어디선가 요정 할멈이 나타났어요.

"누가 내 아들을 이렇게 만들었지? 내 손에 잡히면 가만두지 않겠어!"

"내가 그랬어요."

브라우니 요정이 울먹였어요.

"뭐라고?"

"내가 그랬다고요."

"너 혼자 놀다 그랬다는 거야?"

잔뜩 화가 난 요정 할멈이 무서워서 파르치에는 침대로 달려가 이불 속에 숨었어요. 다행히 요정 할멈과 브라우니는 곧 사라졌어요.

아침이 밝았어요. 엄마가 일어나 보니 부엌에 둔 음식이 그대로 남아 있었어요. 화가 난 브라우니는 다시 파르치에의 집에 오지 않았어요. 브라우니가 떠난 후 엄마는 집안일이 늘었지만 행복했어요. 어쩐 일인지 늘 자지 않겠다고 떼를 쓰던 파르치에가 밤만 되면 스스로 일찍 잠이 들었거든요.

브라우니는 사람을 좋아하고 집안일도 대신해 주는 착한 요정이었지만, 하루라도 음식이 없거나 화나게 만들면 다신 돌아오지 않았다고 해요. 대신 매일 우유나 빵을 두면 선물을 받은 것처럼 기뻐하며 기꺼이 집 청소를 했답니다. 그런데 이렇게 브라우니를 계속 일할 수 있게 만들었던 빵 한 조각에는 어떤 비밀이 있을까요?

미스터리 퀴즈

브라우니와 보가트, 조상이 같은 요정이라고?

YES, 같아요, 같아!

영국의 다양한 요정 중 일부는 알고 보면 브라우니와 조상이 같아요. 대표적인 요정이 '보가트'예요.

브라우니는 사람을 좋아하고 잘 따르긴 하지만 변덕스럽기도 해요. 그래서 브라우니를 화나게 하거나 실망하게 하면 보가트로 변해요. 또 자신이 따르던 사람이 죽을 때도 크게 실망해 보가트로 변해요. 보가트는 브라우니와 성격이 반대예요. 게으르고 장난이 심해서 온종일 집 안을 어지럽히거나 사람들에게 장난을 쳐요. 사람들은 보가트가 집 안에 있으면 불행이 찾아온다고 믿었어요. 만약 보가트에게서 벗어나고 싶다면 다른 지역으로 몰래 이사를 해야 했어요. 하지만 잘못하면 눈치 빠른 보가트가 이삿짐에 숨어서 따라갈 수도 있어요.

한편 영국의 심술쟁이 요정이라고 불리는 '알레리 브라운'도 브라우니와 조상이 같답니다. 이 작은 할아버지 요정은 길고 노란 머리칼과 수염을 두르고 있어요. 알레리 브라운은 사람들에게 도움을 받으면 오히려 원수로 갚았어요. 멋모르고 이 심술쟁이에게 친절을 베풀었다가는 혼쭐이 나죠. 혹시

알레리 브라운과 마주친다면 무조건 모른 척해야 화를 피할 수 있어요.

그런가 하면 섬에서 사는 요정 '페노제리'는 브라우니 집안의 규칙을 어긴 죄로 쫓겨난 요정이에요. 브라우니 시절 페노제리는 한 소녀와 사랑에 빠져 춤을 추다 그만 브라우니들의 축제에 빠지게 되었어요. 브라우니들은 페노제리를 더는 브라우니로 인정하지 않았어요. 결국 페노제리는 섬에서 새로운 무리를 이루며 따로 살아야 했어요. 페노제리는 큰 돌도 가볍게 나를 만큼 힘센 요정이에요.

페노제리

브라우니를 사로잡은 빵의 비밀

서양에서는 밥 대신 빵이 주식

한국에선 빵을 간식으로 먹지만 영국, 미국 등과 같은 나라에서는 쌀 대신 빵이 주식이에요. 쌀보다 밀이 더 잘 자라고 오랫동안 보관할 수 있기 때문이에요. 빵에는 우리 몸에 에너지를 만들어 주는 탄수화물이나 다른 영양분이 많이 들었어요. 또 쉽게 만들어 먹을 수 있고, 다른 음식과도 무난하게 잘 어울려 매끼 찾는 주식이 될 수 있었어요.

지우개나 그릇 대신 빵을!

빵에는 끈적끈적한 글루텐이란 성분이 있어요. 이 성분이 연필심의 재료인 흑연 가루에 달라붙어 종이에서 떨어지게 만들어요. 그래서 바게트라는 빵은 고무지우개가 발명되기 이전에 화가들이 지우개 대신 많이 썼어요.

옛날에 만들어 먹던 빵은 지금처럼 부드럽지 않고 매우 딱딱했어요. 한국에서 겨울에 김치를 미리 담가 저장하듯 옛날 서양 사람은 빵을 많이 구워서 저장고에 보관했어요. 딱딱한 빵은 가지고 이동하기도 쉬웠고 쉽게 상하지 않았지요. 이곳저곳 떠돌며 생활하던 유목민은 빵 위에 고기나 채소를 올려놓아 그릇처럼 사용한 뒤, 마지막으로 그릇인 빵까지 다 먹었다고 해요.

브라우니의 나라, 영국이 궁금해!

영국은 유럽 대륙 북서쪽에 자리 잡은 섬나라예요. 수도는 런던이지요. 국왕과 왕실이 있어 예전부터 신분이 높은 사람들만 먹을 수 있었던 디저트 문화가 발달했답니다.

모자를 쓰면 세금을 내야 한다고?

영국에서 처음으로 만든 독특한 세금이 있어요. 바로 '모자세'예요. 18세기 영국에서는 귀족이 아니지만 실력과 재산을 가진 매너 있고 교양 있는 남자를 신사라고 불렀어요. 이 신사들에게 모자는 중요했어요. 부자든 가난하든 모자 한두 개는 꼭 가지고 있었어요. 영국 정부는 세금을 늘리기 위해 모자를 쓰는 모든 남자에게 모자 세금을 걷었어요. 세금을 내면 세금을 냈다는 표식을 모자 안에 붙이거나 스탬프를 찍게 했지요.

비싼 모자를 쓸수록 세금을 많이 내야 했어요. 이에 모자를 파는 한 상인이 모자세에 반대하는 항의의 표시로 더 눈에 띄는 높은 모자를 상품으로 내놓았어요. 그러자 모자세에 반대하는 사람들이 일부러 보란 듯이 이 길쭉한 모자를 쓰고 다녔지요. 곧 긴 모자는 유행이 되었고 이후 모자세는 결국 폐지되었어요. 이때 유행한 긴 모자는 영국 신사의 상징인 '톱해트(top hat)'가 되었답니다.

영국엔 검은 고양이의 날이 있어요

기독교를 믿었던 중세 유럽에서는 검은색이 악마나 마녀를 상징하는 색이었어요. 사람들은 까마귀나 검은 고양이는 악마의 심부름꾼이라 여기며 싫어하기 시작했지요. 그러한 생각은 오늘날에도 이어져 많은 나라에서는 아직도 검은 고양이가 불행을 불러온다며 불길하다고 해요.

하지만 영국은 달라요. 영국은 오히려 검은 고양이가 집에 들어오는 것을 환영해요. 고양이가 행운과 부를 집으로 가져온다고 생각하기 때문이에요. 영국인은 검은 고양이가 검은색이라는 이유로 차별받는 것을 안타깝게 여겼어요. 그래서 10월 27일을 검은 고양이의 날로 정해 사람들의 생각을 바꾸어 나가고 있어요. 이날은 고양이를 키우는 이들이 SNS에 자신의 고양이 사진을 올리거나 고양이 보호 단체에 기부하기도 해요.

다트와 배드민턴, 영국의 놀이라고?

영국은 오늘날 세계인이 즐기는 많은 스포츠와 놀이를 탄생시킨 나라예요. 대표적인 놀이는 바로 다트예요. 다트는 중세 영국에서 시작된 전통 놀이였어요. 전쟁 중 병사들이 쉬는 시간에 부러진 화살을 나무 판에 던지던 것에서 출발했지요. 이후 귀족에서 평민까지 누구나 즐기는 놀이가 되었어요.

영국에는 배틀 도어 앤 셔틀콕이란 놀이가 있었는데, 두 사람이 라켓으로 셔틀콕을 땅에 떨어뜨리지 않고 주고받는 놀이예요. 이때 셔틀콕은 닭의 꼬리털로 만들었어요. 그러다 1873년 인도 푸나 지역의 놀이와 합쳐져 지금의 배드민턴이 탄생했어요. 그 외에 컬링도 스코틀랜드 지역의 겨울철 놀이에서 시작되었답니다.

생일을 맞은 어린이의 엉덩이를 찰싹찰싹!

한국에 시험 보는 날 미역국을 먹으면 시험에 떨어진다는 미신이 있듯이 영국에도 독특한 미신이 있어요. 주위 사람이 생일을 맞은 아이의 엉덩이를 때리는 풍습이에요. 영국에서는 생일에 엉덩이를 때리는 행동이 나쁜 악귀를 몰아내고 복을 불러온다고 믿어요. 이때 엉덩이를 맞은 아이가 아프다고 울면 절대 안 돼요. 그러면 1년 내내 울어야 할 일이 생긴대요.

특이한 결혼 문화

영국에서는 신혼여행을 가는 신혼부부에게 설탕 바른 아몬드 5개를 주는 풍습이 있어요. 건강, 부, 순결, 행복, 장수를 뜻한다고 해요. 또 신부가 입는 웨딩드레스는 '새것, 오래된 것, 빌린 것, 파란색'을 꼭 갖춰야 해요. 오래된 것은 과거, 새것은 미래, 빌린 것은 주위의 도움과 격려, 파란색은 사랑을 뜻한다고 합니다.

행운과 부를 부르는 검은 고양이

톱해트를 쓴 영국 신사

나는야 요리사 *브라우니

재료

밀가루, 달걀 1개, 초콜릿 가루, 우유, 슈거 파우더(가루 설탕)

이렇게 도와요!

- 재료 섞을 그릇을 준비해요.
- 달걀을 깨서 그릇에 넣어요.
- 어른의 지시에 따라 재료를 붓고 직접 섞어 봐요.
- 주방에 남은 음식물과 비닐 등을 정리해 봐요.

만들어 봐요!

1. 그릇에 초콜릿 가루(일회용 봉지 초콜릿 가루 3개 정도의 양)와 밀가루 1숟갈을 넣어 줍니다.

2. 달걀 1개를 풀어 넣고, 우유를 넣고 섞어 줍니다.

3. 초콜릿 가루가 보이지 않을 때까지 저어 줍니다.

4. 잘 섞인 재료를 전자레인지용 그릇에 담고 전자레인지에 넣어 3~4분 돌려 줍니다.

5. 완성된 브라우니를 접시에 옮겨 담고 슈거 파우더를 뿌려 주면 완성!

10
요정 폴레비크를 달래는 똑똑한 음식

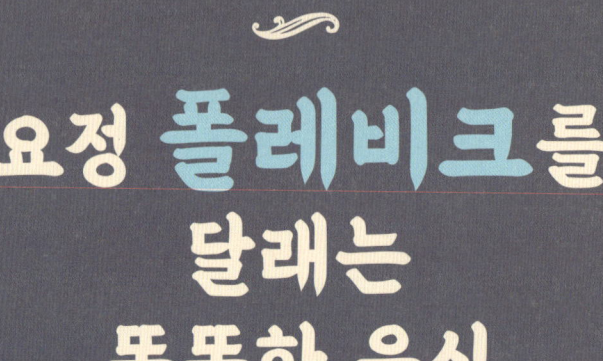

*올리비에 샐러드

오래 기다리셨습니다. 벌써 마지막 음식이네요. 이번에 드실 음식은 **올리비에 샐러드**입니다. 러시아 어디에서나 맛볼 수 있는 국민 요리지요. 처음 이 요리를 만든 모스크바의 요리사 이름을 따서 올리비에 샐러드라는 이름이 붙었어요. 러시아에서는 축하할 일이 있거나 설날처럼 특별한 행사가 있을 때마다 이 샐러드를 식탁에 올리고 온 가족이 즐긴답니다. 맛이 좋고 영양이 풍부해 스페인 같은 다른 유럽에서도 인기가 많지요.

이름이 조금 낯설기는 하지만 잘 보시면 한국에서도 쉽게 볼 수 있는 재료로 만들었어요. 익힌 감자와 당근, 완두콩, 통조림 참치 등 친숙한 재료가 들어가고 마요네즈로 버무려요. 참고로 러시아에서는 마요네즈가 한국의 고추장처럼 많은 요리에 들어간답니다. 그리고 마요네즈로 다 버무린 후엔 마지막으로 삶은 달걀을 올려 장식하지요.

샐러드 위에 있는 달걀노른자가 예쁘기도 하고, 맛있어 보이지 않나요? 전 달걀을 보니 최근에 알게 된 한 러시아 친구가 떠오르네요. 이건 비밀인데 그 친구와 친해진 비법이 바로 달걀이었답니다. 화를 냈다가도 달걀 두 알만 주면 기분이 풀리거든요. 바로 러시아의 요정 폴레비크예요!

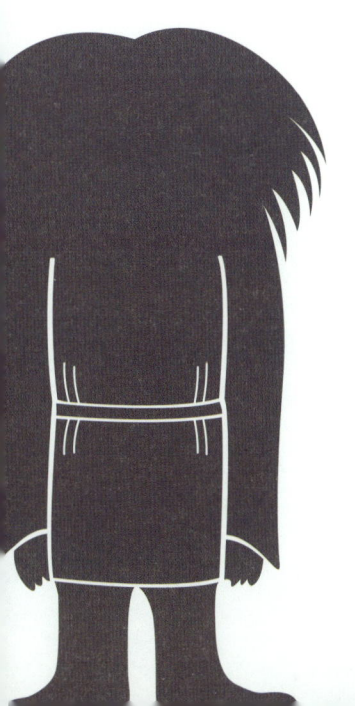

요괴 사전
게으른 농부를 싫어하는 폴레비크가 궁금해!

- **국적** : 러시아
- **하는 일** : 들판을 관리하고 지키는 들판 요정
- **좋아하는 것** : 오후에 조랑말을 타고 들판 산책하기
- **생김새** : 진흙으로 빚은 사람의 형상. 머리카락은 풀색이고, 오른쪽과 왼쪽 눈이 다르다.
- **능력** : 몸집을 크게 키우거나 사람들 눈에 잘 띄지 않을 만큼 작게 만들 수 있다.
- **성격** : 친절하기도 하고 매우 무섭기도 하다.
- **싫어하는 것** : 게으른 농부, 술에 취한 농부, 들판에서 잠이 든 사람들
- **나타나는 때** : 정오, 여름의 달밤
- **주의할 점** : 들판에서 함부로 낮잠을 자지 말 것! 폴레비크가 나타나 해칠 수도 있음!
- **달래는 방법** : 달걀 두 알과 울지 못하는 닭을 준다.

러시아의 들판을 지키는 요정 폴레비크

러시아 사람들은 옛날부터 자연 현상에 대한 궁금증이나 두려움을 신이나 요정 이야기로 만들었어요. 그러나 요정 이야기는 러시아가 나라의 종교를 기독교로 바꾸면서 조금씩 자취를 감추는 듯 보였어요. 기독교에서는 러시아의 신이나 요정을 미신으로 여겼으니까요. 그러다 보니 러시아 신화는 다른 나라보다 기록을 찾기 어려워요. 하지만 신화 속 신들과 요정들은 사람들에게 쉽게 잊히지 않았어요. 러시아는 대부분 농사를 지었는데, 농부들은 신과 요정에 대한 믿음을 계속 이어 나갔지요.

사람들은 숲부터 사람들이 사는 집까지 거의 모든 공간에 요정이 있다고 믿었어요. 집에는 집 요정, 숲에는 숲 요정, 호수에는 호수 요정이 있다고 믿었지요. 그 요정들은 러시아 신화 속 수많은 신에 비하면 지위도 낮았고 힘도 약했어요. 하지만 러시아 농부는 요정을 무시하지 않았어요. 특히 호밀밭을 지키는 요정 폴레비크는 절대 무시할 수 없었어요. 러시아 들

＊폴레비크 목각 유물

판에서 자라는 호밀이 러시아 농부에게는 매우 중요했거든요.

 호밀은 추운 겨울이 계속되는 러시아의 들판에서도 잘 자랐어요. 날씨 탓에 먹을거리가 귀한 러시아에서 호밀은 가난한 농민의 배를 채워 주는 고마운 작물이었어요. 호밀이 더 잘 자라게 하려면 폴레비크의 힘이 필요했고요. 하지만 폴레비크는 사람들에게 그리 친절한 요정은 아니었어요.

 호밀밭을 관장하는 폴레비크는 몸집을 자유자재로 키우거나 줄일 수 있었어요. 그래서 평소에는 사람 눈에 잘 띄지 않았죠. 그는 농부가 밭에서 게으름을 피우거나 낮잠 자는 것을 몹시 싫어했어요. 만약 들판에서 낮잠

자는 농부를 보면 진흙으로 빚은 사람의 모습으로 정체를 드러냈어요. 머리에 풀을 뒤집어쓴 사람 같기도 했고 때론 괴팍한 할아버지 같기도 했어요.

  그는 게으른 농부에게 나타나 흙을 얼굴에 붓거나 엉덩이를 걷어차기도 하고, 심할 땐 목을 조르거나 열사병에 걸리게 했어요. 또 들판을 지나가는 나그네를 일부러 골탕 먹이기도 했어요. 농부들은 그를 두려워하고 무서워

했지요.

그러나 폴레비크가 모든 사람에게 적대적이진 않았어요. 부지런한 농부는 잘 도왔지요. 농부 대신 밭에 나타난 도둑을 쫓기도 하고 소를 돌봐 주기도 했어요. 폴레비크가 밭을 잘 돌보면 그해엔 무탈하게 수확을 할 수 있었어요. 그래서 농부는 그의 마음을 얻기 위해 도랑을 파서 그곳에 달걀 두 알과 울지 못하는 닭을 두었어요.

19세기 중반까지 러시아 농부는 대부분 자기 소유의 땅이 없었어요. 넓은 밭은 거의 땅주인이 따로 있었지요. 농부는 노예처럼 온종일 들에서 일했지만 수확한 작물 대부분을 땅주인에게 바쳐야 했어요. 성질이 고약한 땅주인이라도 만나면 열심히 일하고도 제대로 먹지 못하는 비참한 삶을 살아야 했어요. 하지만 힘든 환경 속에서도 농부들은 폴레비크 같은 요정을 섬기고 믿으며 스스로 부지런하고 건강한 삶을 살기 위해 노력했어요. 이렇게 가난한 러시아 농부들이 끈질기게 지켜 낸 러시아의 전통과 신화는 오늘날 사람들이 러시아가 어떤 나라인지 이해하는 데 많은 도움을 주고 있답니다.

들판의 요정, 폴레비크만 있을까?

NO, 다른 요정도 있어!

들판 하나에 그 들판을 지키는 폴레비크는 하나예요. 그런데 러시아 북쪽 들판에는 다른 요정이 있다고 해요. 바로 폴루드니차라는 여자 요정이에요. 폴루드니차는 정오의 여인이란 뜻이지요. 주로 흰옷을 걸친 아름다운 여인의 모습을 하고 나타났지만 가끔 노인의 모습으로 발견되기도 했어요. 폴루드니차 역시 폴레비크처럼 성격을 종잡을 수 없었어요. 그녀는 정오에 밭일 하다가 잠시 쉬고 있는 농부의 머리를 잡아당기거나 농부의 아이들이 길을 잃게 했어요. 또 농부가 폴루드니차와 이야기를 나누다 거짓말을 하면 가차 없이 낫으로 농부를 해쳤다고 합니다.

폴레비크를 달래 준 달걀의 비밀

달걀은 영양소가 가득!

보통 달걀을 완전식품이라고 해요. 우리 몸에 필요한 모든 영양소가 들었기 때문이에요. 하루에 한 알 정도의 달걀은 그만큼 우리 몸에 이로워요. 달걀에는 우리가 몸에서 직접 만들지 못해 음식으로 꼭 채워야 하는 필수 아미노산이라는 성분이 골고루 들었어요. 게다가 노른자에 들어 있는 콜린 성분은 뇌 활동을 도와 기억력을 높이는 데 도움을 주지요.

달걀 껍데기도 쓸데가 있어요!

달걀 껍데기를 깨끗하게 씻으면 유용하게 쓸 수 있어요. 먼저 화분의 흙에 섞어 주면 훌륭한 비료가 돼요. 달걀 껍데기에 칼슘이 많아 썩어서 거름이 될 때 병충해를 막는 데 도움을 주고, 좋은 땅을 만들어 주지요. 또 빨래를 삶을 때 달걀 껍데기를 쓰면 하얀 빨래를 더욱더 하얗게 하는 효과가 있어요. 껍데기를 망에 넣어 빨래와 같이 삶으면 염기성인 달걀 껍데기가 빨래를 깨끗하게 만든답니다.

요괴 나라

폴레비크의 나라, 러시아가 궁금해!

러시아는 유럽의 동쪽과 중북부 아시아에 걸쳐 있는 큰 나라예요. 몹시 춥고 긴 겨울과 짧고 서늘한 여름이 있는, 세계에서 가장 땅이 넓은 나라지요. 국경을 접한 나라가 10개국이 넘어요. 수도는 모스크바이고 러시아어를 공용어로 쓴답니다.

귀한 손님에게는 소금 얹은 빵을

만약 여러분이 러시아에 사는 누군가의 집에 방문했을 때 주인이 접시에 소금과 빵을 담아 맞이한다면, 그건 당신은 귀한 손님이란 뜻이에요.

러시아에서는 예전에 소금이 아주 귀했어요. 이렇게 귀한 소금은 부의 상징이기도 했지요. 그래서 부자들은 부를 과시하기 위해 일부러 음식에 소금을 많이 뿌려 먹기도 했고, 손님 음식에 일부러 소금을 듬뿍 넣기도 했어요. '빵과 소금은 거절하지 않는다'는 러시아 속담이 있을 정도예요. 또 러시아 사람은 실수로 소금을 쏟으면 안 좋은 일이 반드시 일어난다고 믿는답니다.

발레단이 유명한 볼쇼이극장

* 마녀 바바야가
* 귀한 손님을 위한 소금 얹은 빵
* 행운의 마트료시카

전통 인형 마트료시카

러시아에는 세계적으로 유명한 인형이 있어요. 바로 행운을 상징하는 목각 인형 마트료시카예요. 1890년 어느 예술가 마을에서 만들어졌는데, 1900년 파리에서 열린 만국박람회에서 동메달을 수상하고 세계적으로 유명해졌어요. 인형의 이름은 마트료나라는 러시아 여자 이름에서 나왔어요. 처음에는 러시아의 시골 여인 모습이 많이 그려졌지만 나중에는 더 화려해지고 성모 마리아나 연예인 등이 그려진 인형도 등장했어요. 마트료시카 인형 안에서는 몸집이 점점 작은 인형이 계속 나와요. 보통 5개 이상 들어 있다고 합니다.

러시아에선 독특한 줄 서기 방법이 있어요

러시아를 방문한 외국인은 종종 줄을 설 때 당황하는 경우가 많아요. 지금은 번호표 기계가 있지만, 기계가 없는 곳에서는 러시아 사람만의 독특한 방법으로 줄을 서기 때문이에요. 사람들은 차례대로 줄지어 기다리지 않아요. 대신 근처에 앉아서 두셋씩 모여 잡담을 하거나 볼일을 보러 가기도 해요. 이런 것이 가능한 이유는 그곳에 온 순서대로 자기 앞사람과 뒷사람을 기억하기만 하면 되기 때문이에요. 줄을 서지 않고 주변에서 볼일을 보다가 자기 앞사람 차례가 되면 얼른 달려가 뒤에 서지요. 그래서 줄을 서는 곳에서는 늘 사람들이 이런 말을 해요. "누가 줄의 마지막이죠?"

과거 러시아에서는 식량이나 생필품을 모두 정부에서 관리했어요. 모든 이들이 빵 한 조각을 받기 위해 아주 길게 줄지어 기다리는 게 일상이었죠. 오랜 줄 서기 끝에 사람들은 조금이라도 편한 방식을 생각해 냈고, 이런 특이한 줄 서기 방식이 생기게 되었어요.

러시아 마녀 바바야가와 다리 달린 집

러시아에 전해 내려오는 설화 속엔 수많은 정령이 있지만 마녀도 자주 등장해요. 이름은 바바야가, '마귀할멈'이라는 뜻이에요. 마법을 부리며 절구통을 타고 날아다니다 아이들을 납치해 잡아먹는다는 무시무시한 마녀예요. 그녀의 집에는 닭 다리처럼 보이는 커다란 다리가 달려 있어요. 그래서 바바야가의 명령에 따라 이리저리 돌아다니거나 뛸 수 있다고 해요.

발레를 사랑한 러시아

발레는 처음 이탈리아에서 생겨났지만, 러시아에서 꽃을 피웠다고 할 수 있어요. 러시아의 국왕과 왕실은 발레에 후원하기도 하고 발레 아카데미를 만들기도 했지요. 그렇게 발레가 자리를 잡은 뒤에는 기술이 더욱 화려하고 정교해졌어요. 훗날 러시아의 발레를 배우기 위해 수많은 나라에서 사람들이 찾아올 정도였어요. 19세기에 발레는 신분과 상관없이 온 국민이 사랑하는 춤이 되었어요. 러시아에서는 발레 공연을 보러 가는 것이 영화관에서 영화를 보는 것만큼 흔한 일상이지요. 러시아의 어린이도 어릴 때부터 발레를 쉽게 배울 수 있답니다.

나는야 요리사 *토마토 달걀볶음

재료

방울토마토 10개, 달걀 3개, 대파 약간, 소금 약간

이렇게 도와요!

- 방울토마토의 꼭지를 따고 깨끗하게 씻어요.
- 달걀을 깨서 그릇에 넣고 저어요.
- 달걀물을 프라이팬에 부어요. 기름이 튀지 않게 조심해요.
- 주방에 남은 음식이나 비닐봉지를 정리해 봐요.

만들어 봐요!

1. 대파를 얇게 썰고 달걀을 그릇에 잘 풀어 줍니다.

2. 프라이팬에 기름을 붓고 파를 볶습니다.

3. 불을 약하게 줄이고 반으로 썰어 놓은 방울토마토를 프라이팬에 넣어 줍니다.

4. 토마토에 주름이 생기고 익을 때쯤, 풀어 놓은 달걀물을 부어 줍니다.

5. 약한 불에서 달걀을 살살 저어 주며 부드럽게 익힙니다.

6. 기호에 따라 소금을 약간 뿌리고 그릇에 담으면 완성!